Svenja
Eisenbraun

LEXIKON
DES UNBEWUSSTEN

❧

riva

THERE'S SOMEONE
IN MY HEAD,
BUT IT'S NOT ME.

Pink Floyd — Brain Damage

BIBLIOGRAFISCHE INFORMATION DER DEUTSCHEN NATIONALBIBLIOTHEK

Die Deutsche Nationalbibliothek verzeichnet diese Publikation in der Deutschen Nationalbibliografie. Detaillierte bibliografische Daten sind im Internet über **http://dnb.d-nb.de** abrufbar.

FÜR FRAGEN UND ANREGUNGEN:

info@rivaverlag.de

Originalausgabe, 2. Auflage 2017

© 2016 by riva Verlag, ein Imprint der Münchner Verlagsgruppe GmbH
Nymphenburger Straße 86
D-80636 München
Tel.: 089 6512 85-0
Fax: 089 65 20 96

Redaktion Antje Steinhäuser
Umschlaggestaltung Svenja Eisenbraun
Satz und Gestaltung Svenja Eisenbraun
Druck Dimograf Druckerei sp. z o. o., Bielsko-Biala / Polen

Printed in the EU

ISBN Print 978-3-7423-0002-7
ISBN E-Book (PDF) 978-3-95971-419-8
ISBN E-Book (EPUB, Mobi) 978-3-95971-418-1

WEITERE INFORMATIONEN ZUM VERLAG FINDEN SIE UNTER

www.rivaverlag.de

Beachten Sie auch unsere weiteren Verlage unter www.m-vg.de.

DAS UNBEWUSSTE

Der Part der menschlichen Psyche, auf den das Bewusstsein keinen direkten Zugriff hat, wird in der Psychologie als das *Unbewusste* bezeichnet. In der Alltagssprache ist oft von *Unterbewusstsein* die Rede. Die Tiefenpsychologie untersucht, inwieweit das Fühlen, Denken und Tun eines Menschen von unbewussten psychischen Prozessen bestimmt wird. Es gilt als Voraussetzung für die erfolgreiche Therapie von Neurosen, dass die Patienten sich unbewusste Vorgänge bewusst machen. Das *Vorbewusste* wiederum sind die Vorgänge und Inhalte der Psyche, die zwar nicht aktuell aktiv, jedoch grundsätzlich zugänglich und, wenn nötig, aktivierbar sind.

SOLANGE DU DAS UNBEWUSSTE NICHT BEWUSST GEMACHT HAST, BESTIMMT ES DEIN LEBEN UND NENNT SICH SCHICKSAL.

Carl Gustav Jung – Psychiater

VORWORT

Das »Lexikon des Unbewussten« entstand 2013, als ich meine Bachelorarbeit im Studiengang Kommunikationsdesign schrieb. Als Gestalterin faszinierte mich das schwer Greifbare und doch so präsente Unbewusste in unser aller Lebensalltag ganz besonders. Ich empfand es als Herausforderung, etwas in Bilder zu fassen und mit Symbolen, Details und Einzelansichten zu begleiten, was sich eigentlich einer konkreten Darstellung entzieht.

Komplexe Sachverhalte zugänglich zu machen, ist eine Wissenschaft für sich. Sie müssen uns auf einer emotionalen Ebene erreichen, um in unserem Gedächtnis hängen zu bleiben. Und das kann nur dann geschehen, wenn wir überraschende Zusammenhänge erkennen oder etwas Unerwartetes hören. Ungewöhnliche Geschichten, kuriose Anekdoten sowie erläuternde und erklärende Illustrationen sind unterhaltsame und spannende Begleiter der Wissenschaft.

Das »Lexikon des Unbewussten« präsentiert eine Auswahl von Forschungsergebnissen und wissenschaftlichen Erkenntnissen, es wirft Schlaglichter und vermittelt Wissen über das Unbewusste, zu dem der Zugang nicht selten von Halbwahrheiten und Esoterik verstellt ist. Wir meinen zu wissen, warum bestimmte Gedanken durch unsere Köpfe schwirren, warum wir dieses oder jenes tun oder bestimmte Entscheidungen treffen. Doch in Wahrheit haben wir oft nicht den blassesten Schimmer. Jeder Mensch, egal, welchen Standes, mit seinen ihm eigenen Sichtweisen und Denkmustern, wird in die Irre geleitet und erliegt dieser Illusion (kein Einziger ist ausgenommen – *auch du nicht!*). Bei der Lektüre wirst du immer wieder erleben, wie sehr du mit dem allgemeinen Irrglauben der Phänomene sympathisierst. Denn der Autopilot in unseren Köpfen ist viel öfter aktiviert, als der Einzelne es für möglich hält.

Neben meiner Hauptaufgabe, der Gestaltung, bin ich so etwas wie eine Expertin in einem kleinen Teilbereich der Psychologie und der Neurowissenschaften geworden. Als Nicht-Wissenschaftlerin habe ich eine Reise in die Welt des Unbewussten unternommen und nach Interesse und Belieben Erkenntnisse, Theorien und Geschichten wie Fundstücke gesammelt. Dabei war es mein Anliegen, mithilfe von Illustrationen Brücken zwischen komplexer Fachliteratur und Populärkultur zu schlagen.

Macht Lernen nicht dann am meisten Spaß, wenn es einen so gut unterhält, dass man gar nicht merkt, wie viel Wissen man sich aneignet? Man kann das Buch querlesen, es gibt keine vorgeschriebene Reihenfolge, man kann sich treiben lassen oder mithilfe der Vernetzungen der Artikel interessanten Gedankengängen folgen.

Die Querverweise regen die eigene Fantasie und Neugier an, sich mit dem Unterbewusstsein zu beschäftigen. Viele Phänomene wird man im Alltag wiedererkennen, Situationen in einem neuen Licht sehen und im besten Fall verstehen.

Svenja Eisenbraun

Warum tragen ausgerechnet jetzt auf einmal alle Menschen neonrote Sneaker, wo ich mir erst vor Kurzem welche gekauft habe?

DAS BEWUSSTSEIN ALS BLINDER PASSAGIER

Irrglaube

Eine Beeinflussung und ihre Auswirkung auf dein Verhalten sind dir stets klar.

Wahrheit

Die häufige Beeinflussung durch unbewusst entwickelte Überzeugungen ist dir nicht klar.

Priming

BEWUSSTSEIN ALS BLINDER PASSAGIER

ES IST DIR NICHT BEWUSST,
WIE WENIG DIR EIGENTLICH BEWUSST IST

Du bist unterwegs zur Arbeit, als du eine ältere Dame auf dem Gehsteig siehst und dir einfällt, dass du eigentlich noch bei der verreisten Nachbarin die Blumen hättest gießen sollen. Du erwägst, in der Mittagspause noch mal zurückzufahren, immerhin soll es heute ein ungewöhnlich heißer Tag werden. Wie vor zwei Jahren in Spanien, als man kaum vor die Tür konnte. Du fragst dich, ob es wirklich immer wärmer auf der Erde wird. Du fängst an zu grübeln, ob man sich nicht viel stärker für die Umwelt engagieren sollte. Aber du schaffst es ja kaum, deine Eltern regelmäßig anzurufen, weil du immer so beschäftigt bist. Den Geburtstag deiner alten Schulfreundin letzte Woche hast du auch vergessen. Das bringt dich auf die Frage, warum manche Menschen so ein ausgeprägtes Zahlengedächtnis haben. Du denkst darüber nach, wie viele Menschen wohl gänzlich unerkannte Fähigkeiten haben. Und mit einem Mal stehst du auf dem Firmenparkplatz und weißt gar nicht, wie du da hingekommen bist.

Dieses Phänomen wird als *Autobahntrance* oder auch *Autobahnhypnose* bezeichnet: Körper und Geist bilden keine Einheit, sondern agieren parallel zueinander. Unser Bewusstsein macht sich selbstständig, während wir auf Autopilot schalten, und sucht sich spannendere Themen als die immer gleiche Fahrstrecke.

Unter *Priming* (auch Bahnung) versteht man in der Psychologie den Vorgang, wenn die Wahrnehmung eines Reizes aus der Gegenwart durch die unbewusste Erinnerung an einen Reiz aus der Vergangenheit beeinflusst wird. Das Gehirn ist »vorgebahnt«. Jeder neue Eindruck, ob Duft, Anblick, Klang oder Geste, setzt Assoziationen frei, die aus der Wirklichkeit ein Mixgebilde aus Erinnerungen und den damit verbundenen Gefühlen macht. Solche Assoziationsketten entstehen ständig im Gehirn und beeinflussen unser Verhalten, ohne dass dem Menschen dies bewusst wäre. Da fast alles, das wir wahrnehmen, Assoziationen auslöst, haben unsere Erinnerungen und Gefühle wesentlichen Anteil daran, wie wir die Realität erleben.

Affektheuristik → 151

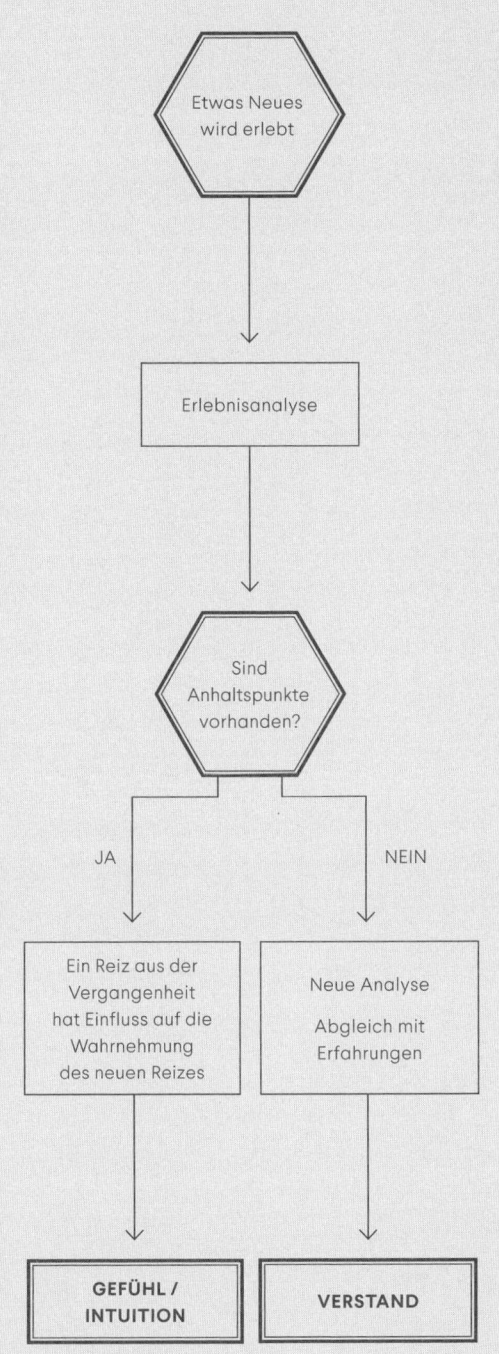

EMOTIONALES GEHIRN

Unbekannte Aspekte muss der Verstand durchleuchten, denn wir können nicht auf vorhandene Anhaltspunkte zurück-greifen, und eine neue Analyse ist folg-lich nötig. Mit mehr als vier bis neun Informationen zugleich kann sich unser Verstand nicht bewusst befassen.

Diese Buchstabenreihe lässt sich nach kurzer Betrachtung nur schwer memorieren.

EVDFBBBCHNOUNHCR

Besser gelingt dies, wenn wir die Informationen in kleineren Einheiten vorgesetzt bekommen. Wenn 16 Informationen auf 5 reduziert werden, fällt das Aufsagen viel leichter.

EV DFB BBC HNO UNHCR

Das emotionale Gehirn ist das ältere und entwickeltere. Unser Verstand erhält durch Hilfsmittel wie Computer, Schrift oder Rechenschieber wesent-liche Unterstützung.

EMBODIED COGNITION

Der Mensch ist empfänglich für Meta-phern. Die Meinungen, die wir uns bilden, sind oft gar keine objektive Bewertung, sondern beruhen auf körper-lichem Empfinden. Hat eine Person eine dampfende Tasse Tee in der Hand, empfinden wir sie rascher als freund-lich und warmherzig. Sitzen wir während eines geschäftlichen Termins auf ungepolsterten Stühlen, verhandeln wir härter. Gegenstände und deren Beschaffenheit lösen eine Kette von Assoziationen in uns aus (Priming), die dann unsere Gedanken und unser Handeln beeinflussen.

ULTIMATUMSPIEL

Eine Gruppe Probanden bekommt Texte und Bilder aus der Geschäftswelt, die andere solche von neutralen Objekten. Danach bekommt Proband A eine bestimmte Menge Münzen, die er verwalten kann, wie er möchte, er muss jedoch Proband B ein Angebot machen, der dies wiederum annehmen oder ablehnen kann. Lehnt er ab, erhält keiner der Probanden etwas. Die Teilnehmer aus der Geschäftswelt-Gruppe erwiesen sich als egoistischere Anbieter und strebten eine Aufteilung der Münzen zu ihrem Vorteil an. Die Probanden mit den neutralen Objekten waren kompromissbereiter und fairer. Unterbewusst ablaufende (Priming-)Prozesse haben einen starken Einfluss auf unser Denken. Die Teilnehmer sind sich des Einflusses der Bilder, die die Grundlage für ihre Entscheidungen darstellt, nicht bewusst.

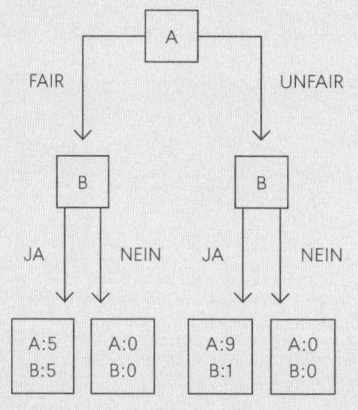

ERGEBNIS

Bei gleicher Aufteilung der Münzen schätzt der Empfänger das Angebot als gerecht ein. Sind weniger Münzen geboten, als der Anbieter behält, lehnen die meisten Probanden das Angebot ab. Was irrational ist, da eine Münze immer noch besser ist als gar keine.

A: Anbieter   B: Empfänger

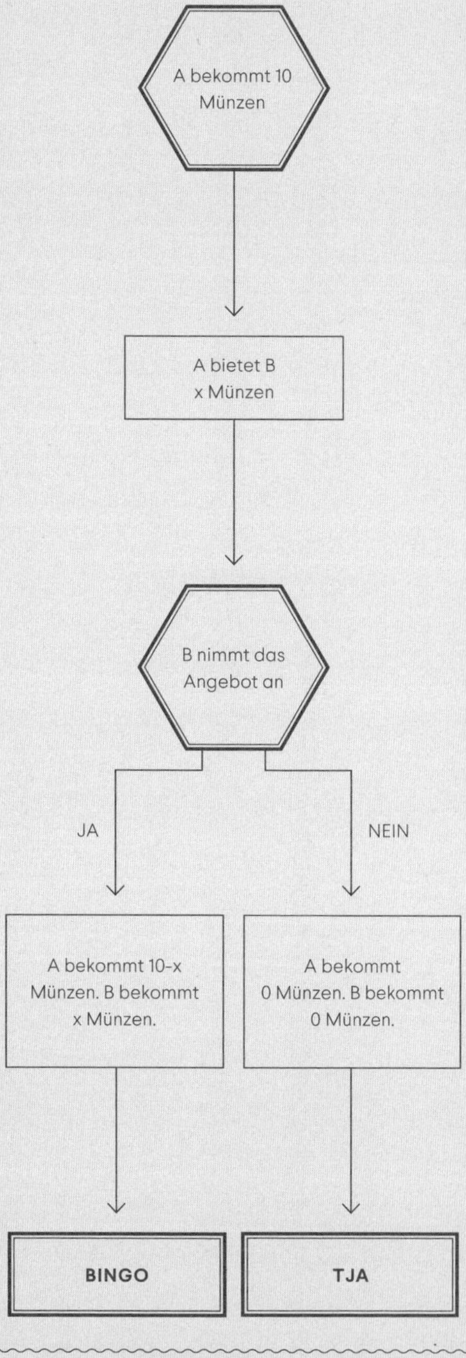

A bekommt 10 Münzen

↓

A bietet B x Münzen

↓

B nimmt das Angebot an

JA   NEIN

A bekommt 10-x Münzen. B bekommt x Münzen.

A bekommt 0 Münzen. B bekommt 0 Münzen.

↓   ↓

BINGO   **TJA**

COCA-COLA VS. PEPSI

Das Priming-Phänomen entdeckte die Industrie schon vor der Psychologie für sich. Coca-Cola beeinflusst uns Konsumenten mit dem Weihnachtsmann, der mit Gemütlichkeit, heiler Welt, Kindheit und Familie »geprimt« ist. So lassen sich die Umsätze steigern. Wir werden dahingehend unbewusst manipuliert, was wir mögen sollen. Indem schöne Assoziationen aufkommen und Kaufentscheidungen beeinflussen, gehen die Konsumenten den Unternehmen ins Netz.

Irrglaube

Es kommt dir so vor, als ob deine Mitmenschen genau darauf achten, wie du aussiehst und was du tust.

Wahrheit

Solange sie keinen Anlass dazu haben, achten andere Menschen nicht besonders auf dich.

Spotlight-Effekt

BEWUSSTSEIN ALS BLINDER PASSAGIER

WHEN YOUR SARCASM IS SO FAR ADVANCED, PEOPLE THINK YOU'RE BEING POLITE

T-SHIRT-EXPERIMENT

Der Psychologe Thomas Gilovich von der Cornell University hat in den Neunzigern den Spotlight-Effekt erforscht.

Wenn Menschen allein in einen vollen Raum eintreten, kommt es ihnen so vor, als würden alle sie ansehen. Gilovich ließ Versuchsteilnehmer, die peinliche oder scheußliche T-Shirts trugen, den vollen Raum betreten.

Das auffällige T-Shirt sollte den Spotlight-Effekt verstärken. Die Probanden nahmen an, dass etwa 50 Prozent der Leute das peinliche T-Shirt aufgefallen war. Tatsächlich hatten aber nur 20 Prozent das T-Shirt bemerkt.

In einem weiteren Durchgang trugen die Probanden ein Shirt mit einem coolen, kultigen Motiv. Wieder gingen sie davon aus, dass etwa die Hälfte der Anwesenden darauf aufmerksam geworden war. Aber in diesem Fall waren es sogar nur 10 Prozent.

OH GOTT, WAS SOLLEN BLOSS DIE LEUTE DENKEN?

Ziemlich sicher nichts. Die meisten werden das Malheur nicht einmal bemerken. Und falls doch, schenken sie ihm keine weitere Aufmerksamkeit.

Du fühlst dich häufig beobachtet, so als würde deine Umgebung genau darauf achten, was du tust und wie du aussiehst. Man nennt das den *Spotlight-Effekt*: Du glaubst, alle würden deinen neuen, aufwendig verarbeiteten Ledermantel bemerken. Tun sie nicht. Und du selbst erinnerst dich doch auch kaum je an die Trägerin eines besonderen Kleidungsstückes oder an einen Moment, als dir ein Mann wegen seines edlen Anzugs aufgefallen ist.

Fast alle Menschen neigen zur Egozentrik. Das macht es schwer einzuschätzen, wie sehr die Mitmenschen wirklich auf einen selbst achten. Aber wenn es keinen speziellen Anlass für Aufmerksamkeit gibt, schwebt jeder weit unbeobachteter in seinem kleinen Universum herum, als die meisten meinen.

Die Menschen unterschätzen ihre Unauffälligkeit. Sie glauben, durch ihr Handeln, Aussehen, Auftreten deutliche Signale abzugeben. Aber der Umwelt entgeht das meiste. Die Leute halten weder die positiven noch die negativen Aspekte für derart bemerkenswert. Die Wahrheit ist also: Du stehst gar nicht andauernd im Mittelpunkt.

Dunning-Kruger-Effekt → 41

Irrglaube

**Stress lässt sich gut abbauen,
indem man mal
richtig Dampf ablässt.**

Wahrheit

**Immer wieder richtig
Dampf abzulassen,
macht zunehmend aggressiv.**

Katharsis

BEWUSSTSEIN ALS BLINDER PASSAGIER

LASS DAMPF AB

Raus damit! – Lässt du es zu, dass der Dampf nicht entweicht, sondern dich verbrüht und dir die Sicht raubt, wirst du irgendwann Bildschirme und Porzellan zerschlagen. Verhindere, dass dein Inneres sich in einen vulkanischen Hexenkessel verwandelt, der sich unkontrolliert wie rot-schwarz glühende Lava über seine Umgebung ergießen kann. Schlag auf ein Kissen ein, bis die Federn in alle Richtungen fliegen. Tritt gegen die Hecke. Donner die Tür zu.

> **Dann geht es dir besser!**
> **Geht es dir dann wirklich besser?**
> **Für einen Moment.**

Aber Vorsicht ist geboten! Was so schön als Reinigung mit dem griechischen Wort *Katharsis* umschrieben wird und uns nahelegt, dass wir uns im Anschluss erleichtert fühlen, macht uns im Gegenteil abhängig wie von einer Droge. Chemische Stoffe wabern durch das Gehirn und fordern erneutes Dampfablassen. Um nicht aggressiver, sondern friedlicher zu werden, hilft nur echte Beruhigung.

ABWARTEN UND
TEE TRINKEN.

Irrglaube

**Andere glauben fast alles,
was die Massenmedien bringen –
dein eigenes Verhalten
und deine Ansichten sind davon
weniger beeinflusst.**

Wahrheit

**Jeder unterschätzt die eigene
Beeinflussbarkeit.**

Third-Person-Effekt

DER ESEL UND ICH

Indoktrination
→ 53

Mit dem *Third-Person-Effekt* wird die Ansicht umschrieben, man selbst sei weniger zugänglich für die Einflüsse der Medien, Werbung, Politiker oder anderer Verführer als andere Menschen. Jedem kann man einen Bären aufbinden. Außer mir. Jeder Einzelne glaubt, sich deutlich von seinen anfälligeren, leichtgläubigeren Mitmenschen zu unterscheiden. Die Masse ist der Gefahr ausgesetzt, ein Spielball vermeintlicher Experten oder Autoritäten zu werden. Es ist jedoch eine Illusion anzunehmen, man sei weniger beeinflussbar und leichtgläubig als andere.

SELBSTWERTDIENLICHE VERZERRUNG

Wir neigen dazu, für unsere Misserfolge andere Menschen und äußere Umstände verantwortlich zu machen. Erfolge hingegen führen wir häufiger auf uns selbst, unsere Talente und Kenntnisse zurück. Wir möchten ein positives Selbstbild bewahren und vor anderen möglichst gut dastehen, um den Selbstwert hoch und Versagensängste klein zu halten. Das ist uns biologisch einprogrammiert, damit wir nicht verzagen und uns in Selbstzweifeln und Ängsten ergehen, sondern erfolgreich weitermachen.

MENSCHEN SIND *ESEL*.
BESCHRÄNKT UND BEGRIFFSSTUTZIG.
UND SO LEICHTGLÄUBIG.
ICH GEHE LIEBER VORWEG,
ALS HINTERZUTROTTEN.

Irrglaube

Den Antrieb für kapitalistisches Gewinnstreben und Konsum liefern die Kampagnen und die Werbung der Unternehmen.

Wahrheit

Konsum und Kapitalismus werden angetrieben von dem ständigen Willen der Verbraucher mitzuhalten, sei es Mainstream oder Gegenkultur.

Selling Out

BEWUSSTSEIN ALS BLINDER PASSAGIER

VON WEGEN KONSUMREBELLEN

Und wenn du dir auch noch so besonders und originell vorkommst: Auch du gehörst zum System, kaufst ein, gibst dein Geld aus. Du kannst Mainstreamware meiden, aber auch Nischenlabels werden bekannter und erfolgreicher, und schon entstehen neue zunächst unbekannte Modefirmen, Bands und Hersteller mit kleiner, erlesener Anhängerschaft, bis auch diese wieder als kommerziell gelten, an ein Massenpublikum abgetreten werden und die Individualisten und Revoluzzer, die Hippies und Hipster sich etwas Neues suchen müssen. Durch die breite Palette und den ständigen Kreislauf blüht der Konsum. Die Gegenkultur und die Unabhängigen bilden sogar eine treibende Kraft.

Das Ziel des Lebens ist Selbstentfaltung. Seine eigene Natur vollkommen zu verwirklichen, dafür ist jeder von uns da.

Oscar Wilde

STEVE URKEL

Status: Original-Hipster

Merkmale: Hochwasserhosen, bunte
Hosenträger, dicke Hornbrille, toll-
patschige Ader, liebt sein Akkordeon,
Polka und Laura

Steve Urkel ist ein Charakter aus der
US-amerikanischen Sitcom »Alle unter
einem Dach«, die in den Neunzigerjahren
lief. Steve ist der Nachbar der Familie
Winslow und besucht sie in jeder Folge.
Damals war er ein typischer Nerd. Heute
ist er ein Hipster-Vorbild.

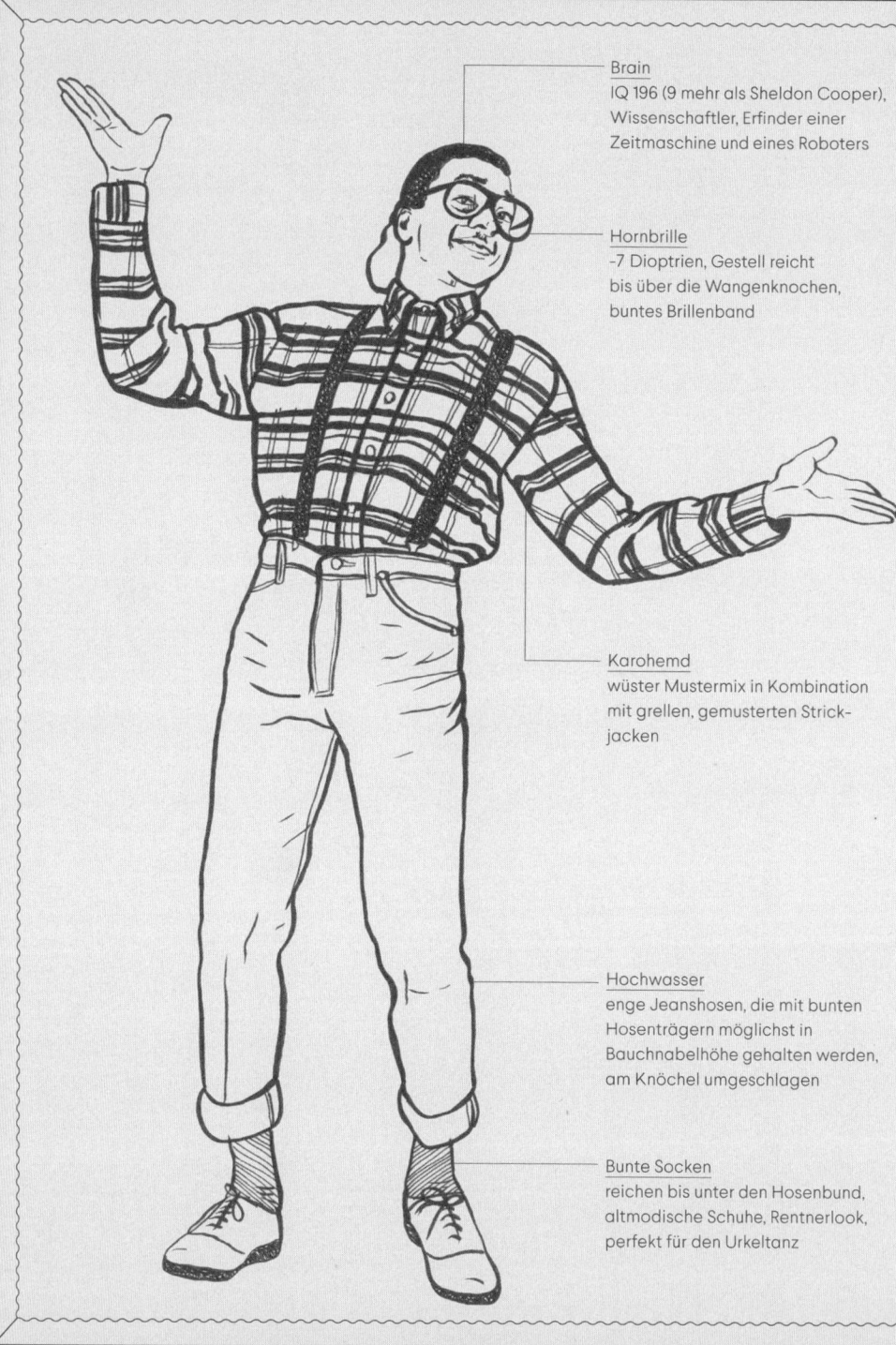

Brain
IQ 196 (9 mehr als Sheldon Cooper),
Wissenschaftler, Erfinder einer
Zeitmaschine und eines Roboters

Hornbrille
-7 Dioptrien, Gestell reicht
bis über die Wangenknochen,
buntes Brillenband

Karohemd
wüster Mustermix in Kombination
mit grellen, gemusterten Strick-
jacken

Hochwasser
enge Jeanshosen, die mit bunten
Hosenträgern möglichst in
Bauchnabelhöhe gehalten werden,
am Knöchel umgeschlagen

Bunte Socken
reichen bis unter den Hosenbund,
altmodische Schuhe, Rentnerlook,
perfekt für den Urkeltanz

FIGHTCLUB

Genre Thriller
Regisseur David Fincher
Erscheinungsjahr 1999
Gewinn 100 Mio. $ weltweit
Status Platz 10, IMDb

Die Hauptfigur ist ein zunächst typisches und unauffälliges Mitglied der Konsumgesellschaft. Sein Leben gerät aus den Fugen, als er bei einem Flug den Seifenhändler Tyler Durden trifft. Nach der Explosion seiner Wohnung zieht er bei Tyler in dessen heruntergekommene Villa ein. Sie gründen eine Geheimloge, den »Fight Club«, aus der das »Projekt Chaos« entsteht – eine Armee gegen die öffentliche Ordnung. Die Loge breitet sich aus und gerät aus den Fugen, es gibt Tote. Die namenlose Hauptfigur erfährt von ihrer multiplen Persönlichkeit – er selbst ist Tyler Durden.

KURT COBAIN †

Beruf Rockmusiker »Nirvana«
Vermögen › 100 Mio. $
Status † 1994, durch eine Überdosis Heroin und einen Kopfschuss

Schon als Kind war Kurt Cobain verhaltensauffällig und hyperaktiv. Vor dem Hintergrund eines kaputten Elternhauses stürzt er sich in die Musik und spielt schon in der Jugend mit Freunden in Punk- und Rockbands. Er bricht die Schule ab, tourt mit mehreren Bands – Nirvana entsteht. Seine Magenprobleme lindert er mithilfe von Drogen, vor allem Heroin. Cobain war linkspolitisch und sozialkritisch aktiv und setzte sich für Feminismus und Homosexualität und gegen Rassismus, den Obrigkeitsstaat und die Kirche ein. Nach seinem Suizid verkauft sich seine Musik besser als vorher.

MICHAEL MOORE

Beruf Filmregisseur, Autor
Vermögen 50 Mio. $
Status 181 kg

Der Autor und Regisseur Michael Moore erlangte mit seinen linkspolitischen und satirischen Filmen und Sendungen weltweit große Popularität. Seine Werke, ob Bücher oder Filme, provozierten alle Kontroversen in der Regierung und der US-amerikanischen Gesellschaft. Michael Moore polarisiert stark, auch in seinen Dokumentationen die oft als zu subjektiv kritisiert werden. Er teilt Menschen genauso radikal in Freund und Feind ein wie sein ärgster Feind George W. Bush. Kritiker fragen, ob er sich nach dem Erwerb des 2 Millionen Dollar teuren Anwesens »Lakeside Mansion« noch sehr von denen unterscheidet, die er so vehement verachtet.

Irrglaube

**Du kannst absehen, wie gut
du eine bestimmte
Herausforderung meistern wirst.**

Wahrheit

**In den meisten Fällen kannst du
nur unzuverlässig absehen,
wie gut du wirklich bist und wie groß
die Herausforderung ist.**

06

Dunning-Kruger-Effekt

BEWUSSTSEIN ALS BLINDER PASSAGIER

DUMMHEIT UND STOLZ WACHSEN AUF EINEM HOLZ

Warum treten Menschen, die ganz offenbar unbegabt sind, bei Talent-shows, Castings und Wettbewerben an – und blamieren sich bis auf die Knochen vor einem Millionenpublikum, ohne auch nur im Mindesten zu begreifen, woran es hakt und fehlt? Es ist der *Dunning-Kruger-Effekt*: Die Wahrnehmung dieser Menschen ist verzerrt. Sie erkennen die Kompetenz anderer nicht als solche und überschätzen zugleich ihre eigenen Fähigkeiten. Sie glauben ernsthaft, zu den Besten zu gehören, und verkennen dabei, dass der Applaus von Kumpeln beim allwöchentlichen Karaoke-Abend in der Kleinstadt-Kneipe sie nicht zu einem Superstar macht.

Spotlight-Effekt
→ 23

Amateure halten sich häufig für Experten, dabei haben sie lediglich den Status des absoluten Neulings bei einem Thema hinter sich gelassen. Zum Experten macht sie das noch lange nicht. Die Dimensionen und den Schwierigkeitsgrad eines bestimmten Wissensgebiets unterschätzen sie im selben Maß, wie sie ihre eigenen Fähigkeiten falsch ein- bzw. überschätzen. Erfahrung, Wissen und ein Bewusstsein für Wissenslücken machen einen wirklich kompetenten Menschen aus, der in etwa abschätzen kann, wo er im Vergleich zu anderen steht. Der Naturforscher Charles Darwin stellte fest: »Ignoranz erzeugt häufiger Selbstvertrauen als Wissen.«

Self-Handicapping
→ 95

Immerhin: Wer den eigenen Unfähigkeiten so ignorant begegnet, mehrt zwar nicht sein Können, wohl aber sein Selbstwertgefühl und bewegt sich damit fern einer lähmenden Depression.

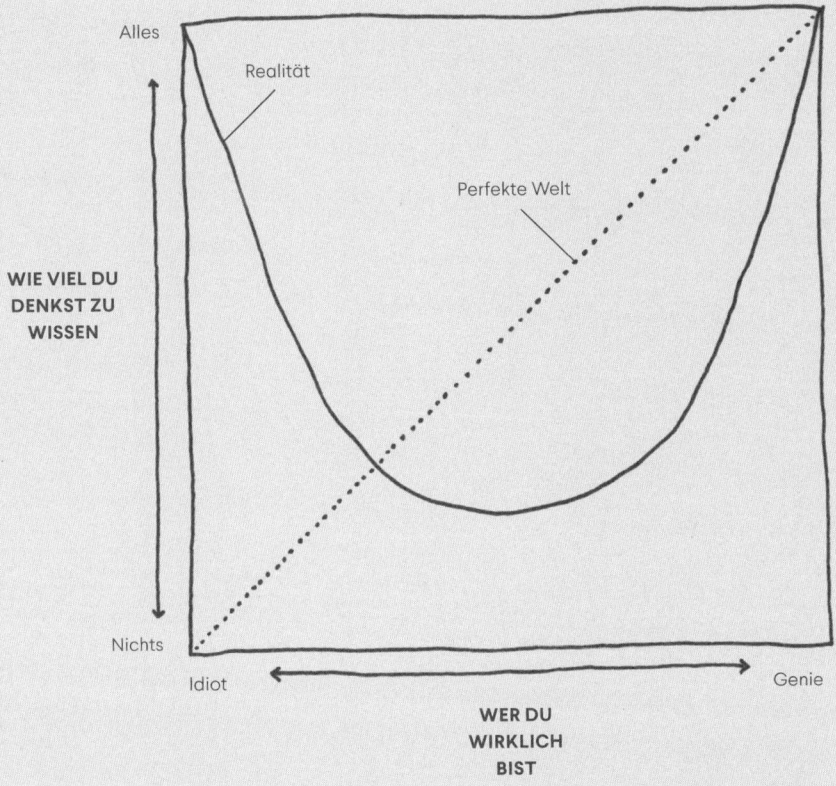

Alles

Realität

Perfekte Welt

WIE VIEL DU
DENKST ZU
WISSEN

Nichts

Idiot   Genie

WER DU
WIRKLICH
BIST

**Das Ärgerlichste in dieser Welt ist,
dass die Dummen von sich selbst überzeugt
und die Intelligenten voller Zweifel sind.**

Bertrand Russel – Philosoph

DUNNING-KRUGER-TESTZONE

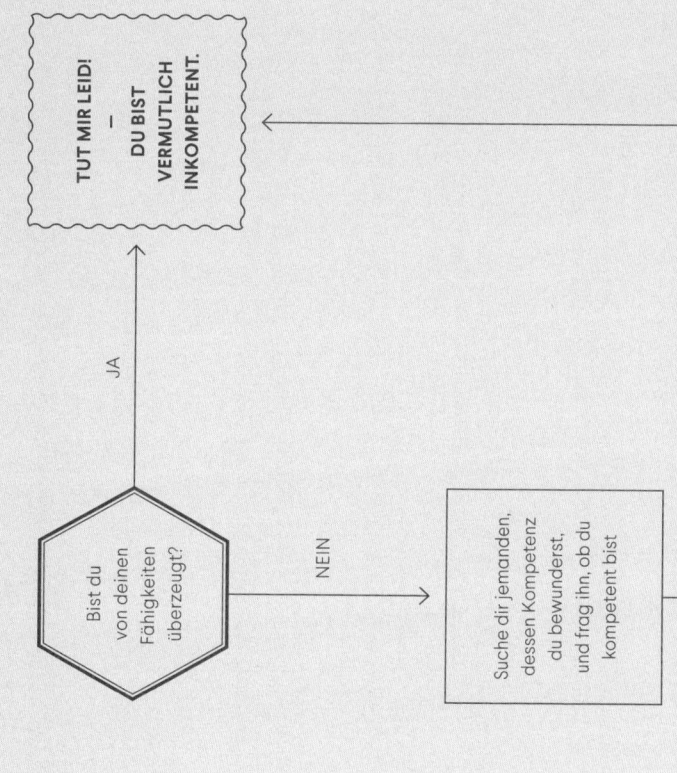

Bist du von deinen Fähigkeiten überzeugt?

JA → TUT MIR LEID!
–
DU BIST VERMUTLICH INKOMPETENT.

NEIN → Suche dir jemanden, dessen Kompetenz du bewunderst, und frag ihn, ob du kompetent bist

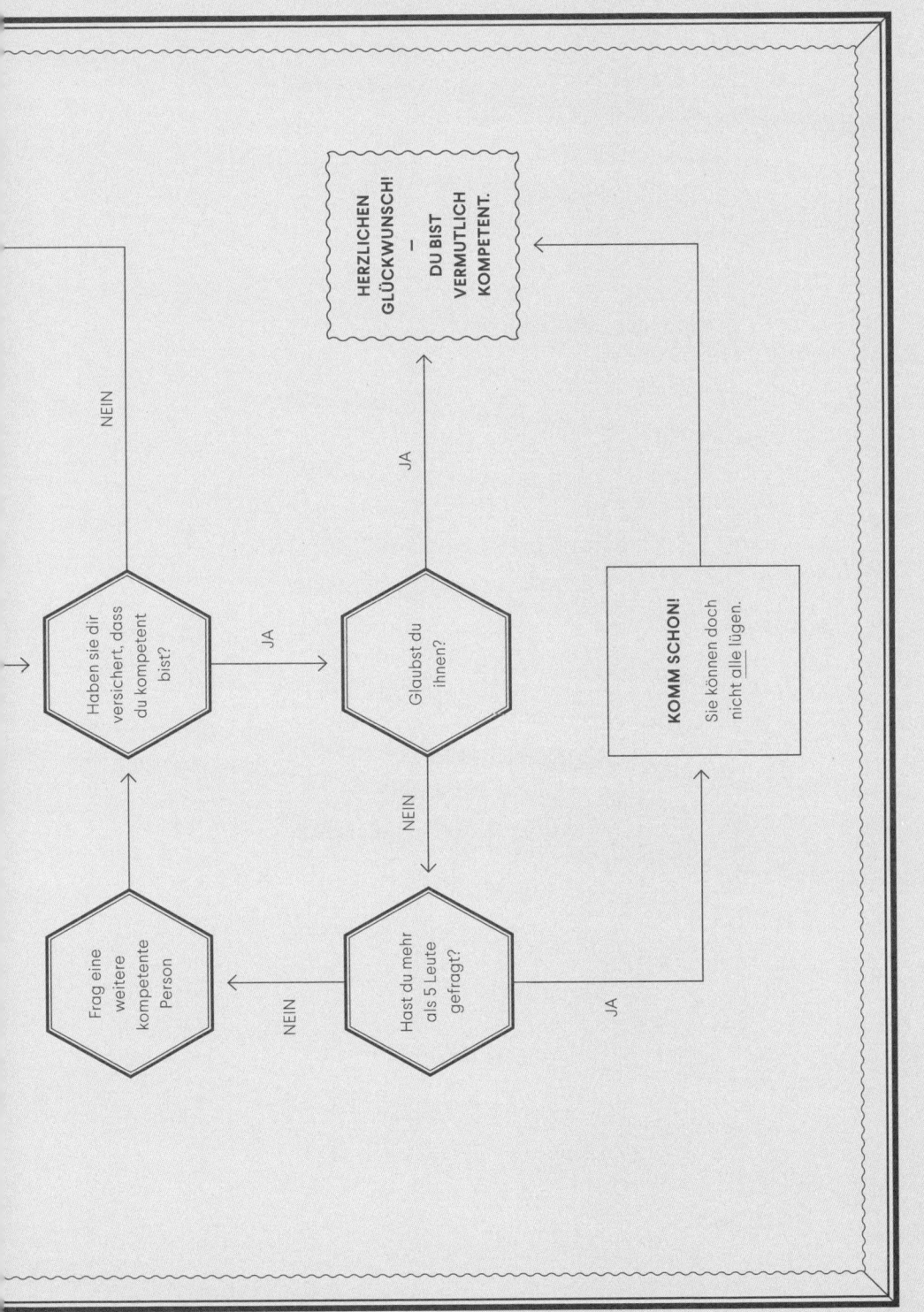

HERZLICHEN GLÜCKWUNSCH! – DU BIST VERMUTLICH KOMPETENT.

JA

Haben sie dir versichert, dass du kompetent bist?

NEIN

JA

Glaubst du ihnen?

NEIN

Frag eine weitere kompetente Person

Hast du mehr als 5 Leute gefragt?

NEIN

JA

KOMM SCHON! Sie können doch nicht alle lügen.

Irrglaube

**Männer, die mit Sexpuppen
verkehren, sind verrückt.**

Wahrheît

**Sexpuppen und Sugardaddys
sind besonders
wirksame Schlüsselreize.**

07

Übernormale Auslöser

BEWUSSTSEIN ALS BLINDER PASSAGIER

FEUERPRACHT-KÄFER

Der männliche australische Feuerprachtkäfer hat ein Hauptziel im
Leben: Er will sich paaren. Zu diesem
Zweck sucht er große Weibchen mit
braunen, glänzenden Körpern. Wenn
er allerdings an einer weggeworfenen
Bierflasche vorbeifliegt, ist das Weibchen vergessen: Denn die braune
Flasche hat all die gewünschten Schlüsselreize im Übermaß. Da könnte kein
Feuerprachtkäfer-Weibchen mithalten,
wie prächtig es auch geraten sein mag.

Originalgröße

ECKDATEN

Wissenschaftlicher Name
Merimna atrata
→ »geschwärzte Kümmernis«

Ordnung Käfer

Familie Prachtkäfer

Unterfamilie Buprestinae

Größe ≈ 20 mm

Heimat Australien

Wohnraum Eucalyptusbaum

Ernährung Pflanzenfresser

Besonderheiten ausgeprägte
Schultern, greise Behaarung am Bauch

1 cm

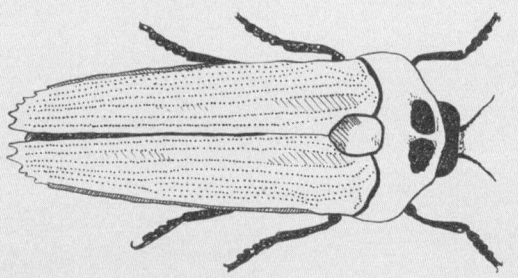

PERFEKTER ALS PERFEKT

Die große, braune, glänzende Flasche, die mit Idealmaßen ausgestattete Sexpuppe oder die herrlich fetttriefenden Pommes, die unseren Urinstinkt ansprechen, uns vollzufuttern, wenn wir die Gelegenheit dazu haben, denn wer weiß, wann es wieder etwas gibt – sie alle sind *übernormale Auslöser*. Das heißt, ihre Schlüsselreize sind übermäßig und extrem ausgeprägt, sodass die Anziehungskraft ins schier Unermessliche steigt. Ein Objekt, das perfekter ist, als die Natur es je hervorbringen könnte und das folglich jegliche Vorstellungskraft überfordert, besitzt einen *übernormalen Reiz*. Paarungs- und Vergnügungslust sowie unser Appetit werden von solchen Objekten besonders stark angeregt. Den sogenannten angeborenen auslösenden Mechanismus triggern sie deutlich stärker als natürlich vorkommende Reize. Schlüsselreize dienen der Fortpflanzung, dem Arterhalt, der Überlebenssicherung. Wenn sie manipuliert oder ausgeschaltet werden, kann dies schwerwiegende Folgen haben. So töten taube Puten ihre Küken, weil sie ihr Piepsen, den Schlüsselreiz für die Brutpflege, nicht hören. Die meisten Menschen können ihre Begierde kontrollieren, aber wenn etwas perfekter als perfekt ist, erliegen sie der trügerischen Option, etwas zu bekommen, das besser als nur die »Normalversion« ist.

GUMMIPUPPEN

Manche Männer fühlen sich zu vollbusigen Kunst-
körpern aus Plastik, Vinyl oder Latex in erotischer
Weise stark hingezogen. Die Kombination aus
großen Brüsten, Wespentaille und breiten Hüften,
dazu vollen Lippen und wallendem Haar sind
übernormale Auslöser. Das Verhältnis zwischen
Taille und Hüfte wird als Aussage über den
Gesundheitszustand einer Frau wahrgenommen.
Liegt der Wert bei etwa 0,7, wirkt die Frau unbewusst gesünder und somit idealer geeignet für
die Fortpflanzung. Die Frauen auf den Playboy-
Postern wurden zwar mit der Zeit immer schlanker,
aber das Verhältnis der Taille zur Hüfte lag immer
um den perfekten Wert 0,7. Dieser übernormale
Auslöser wirkt als Beschleuniger der Schlussfolgerung, eine gesunde Frau vor sich zu haben.
Jedoch fehlt die Korrektur: Die kleineren Verhält-
nisse bleiben attraktiv, auch wenn diese Frauen
mit einer so schmalen Taille gar kein Kind austragen könnten.

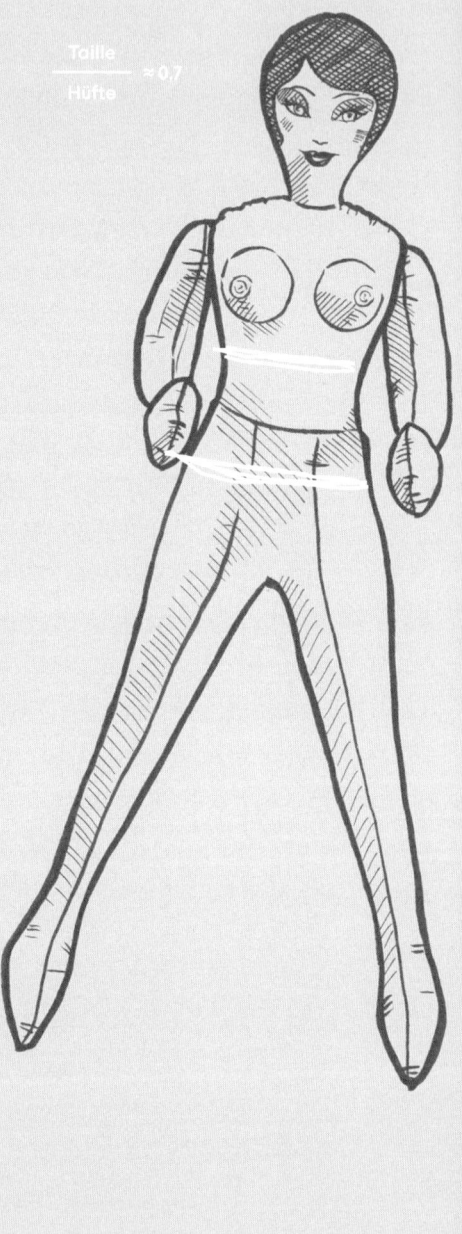

$$\frac{\text{Taille}}{\text{Hüfte}} \approx 0{,}7$$

HUGH HEFNER

Ihr Instinkt gibt Männern und Frauen bei der Auswahl ihrer Partner unterschiedliche Kriterien vor. Männer wollen sich fortpflanzen, müssen aber nicht die Schwangerschaft überstehen, demnach steht der Gesundheits- und Fruchtbarkeitsstatus der Mutter ihres Kindes im Vordergrund. Frauen müssen den Nachkommen austragen und aufziehen, also haben sie ein besonderes Interesse an einem hinsichtlich Status, Fähigkeiten und Ressourcen positiv zu bewertenden Vater. Es ist von existenzieller Bedeutung, bei der Wahl des Partners keinen Fehler zu machen. Übernormale Auslöser können das Bild verzerren. So widerstrebt ein Greis eigentlich der Natur einer fortpflanzungsfähigen Frau. Handelt es sich jedoch um einen millionenschweren Sugardaddy mit hohem Ansehen und Status, zieht sie ihn womöglich dennoch in Betracht. So ein Fall ist wohl Hugh Hefner, Jahrgang 1926, der Gründer des Männermagazins *Playboy*. Nach zwei »normalen« Ehen, aus denen auch Kinder hervorgingen, lebt er meist mit mehreren Freundinnen (zwischen 18 und 29 Jahren) gleichzeitig zusammen auf seinem Anwesen »Playboy Mansion«.

Irrglaube

**Einer Sekte gehen nur
dumme Menschen auf den Leim.**

Wahrheit

**Sektenmitglieder sind normale
Menschen wie du und ich.**

Indoktrination

BEWUSSTSEIN ALS BLINDER PASSAGIER

DAS SPIEL MIT DER MACHT

Menschen schließen sich Gruppen an, einem Verein, einem Freundeskreis. Wo eine Gruppe aufhört und eine Sekte beginnt, kann nicht exakt definiert werden. Die meisten Menschen halten sich für gefeit gegen die Reize einer Sekte. Doch deren Mitglieder sind keineswegs nur schwache, instabile Persönlichkeiten. Wenn es eine charismatische Person gibt, die von den sie umgebenden Menschen als Autorität bestätigt wird, kann die Gruppe zur Anhängerschaft werden. Und je nachdem, ob der Anführer die Macht, die er dadurch erhält, missbraucht oder friedlich und konstruktiv nutzt, handelt es sich um eine Gruppe oder eine Sekte. Es handelt sich dabei um einen Prozess; Sekten werden kaum je absichtlich gegründet, sondern entwickeln sich aus verqueren Machtkonstellationen, die eine Indoktrination ermöglichen. Schon wer Fan einer Band oder eines Schriftstellers ist, hat die erste Voraussetzung erfüllt, Mitglied einer Sekte zu werden.

Third-Person-Effekt → 31

Soziale Instinkte → 191

CHARLES MANSON

Beruf Folkrock-Musiker, Anführer der »Manson Family«

Besonderheit Anhänger meist rothaarige Frauen

Manson war der Anführer der Hippie-Kommune »Manson Family«, dessen Mitglieder für ihn fünf Menschen umbrachten. Mansons Anhänger stammten wie er selbst meist aus schwierigen Verhältnissen. Die Gruppierung war rassistisch und frauenfeindlich trotz der überwiegend weiblichen Mitglieder, die durch Drogen gefügig gemacht wurden. Er sitzt eine lebenslängliche Haftstrafe ab.

MAHATMA GANDHI †

Name Mohandas Karamchand »Mahatma« Gandhi

Beruf Rechtsanwalt, Revolutionär, Publizist

Besonderheit Pazifist, Ehrenname »Mahatma« → »große Seele«, Kultfigur

Als Anführer der indischen Unabhängigkeitsbewegung befreite Gandhi Indien von der britischen Kolonialherrschaft. Zu seinen Maximen gehörten die Selbstbestimmung, Gewaltlosigkeit und das Festhalten an der Wahrheit, Gegner versuchte er, zu Verbündeten zu machen. Gandhi starb 1948 durch ein Attentat. Er war 12 Mal für den Friedensnobelpreis nominiert.

JIM JONES †

Name James Warren Jones

Beruf Gründer des »Peoples Temple«

Besonderheit Aufruf zum Massenselbstmord

Jones wuchs ärmlich und isoliert auf. Seine Mutter war überzeugt, ihr Sohn Jim sei der Messias. Diese Überhöhung bestimmte die Entwicklung des Jungen. Der gläubige Jones setzte sich gegen Rassismus, Hass und Unterdrückung ein und gründete schließlich den *Peoples Temple*, seinen Traum von einer Gemeinschaft in Harmonie. Mit seinen Jüngern errichtete er sein Dorf »Jonestown« in Guyana, in dem es keineswegs nur friedlich zuging. Dort brachten sich seine 900 Jünger und er 1978 selbst um.

CHE GUEVARA †

Name Ernesto Guevara de la Serna

Beruf marxistischer Politiker, Guerillaführer, Autor

Besonderheit Popstar, Kult, Volksheld

Der Revoluzzer trug die Revolution weit über die Grenzen Kubas hinaus. Im Kampf gegen soziale Ungerechtigkeit schloss er sich Fidel Castro an und war eine Schlüsselfigur im Guerillakrieg von 1959. Noch heute gilt er als Synonym für Rebellion und Protest. Zum vollständigen Bild gehören jedoch auch sein gnadenloser Umgang mit Gegnern, es wird ihm die Anordnung von Exekutionen und Arbeitslagern vorgeworfen.

Irrglaube

**Wer im Leben verliert,
hat sein Schicksal verdient.**

Wahrheît

**Glück ist oft unverdient,
Unmoral kommt
oft ungestraft davon.**

Gerechte-Welt-Glaube

WEN ES DARUM GEHT,
EINEN SCHALTER ZU BETÄTIGEN,
IST UNSER GEHIRN SO KÜHL
UND BERECHNEND WIE MR. SPOCK.

△

SELBST SCHULD

Auf der Welt geht es gerecht zu, und die Menschen haben ihre Schicksale »verdient«. Solange man sich richtig verhält, passiert nichts Schlechtes – das ist der *Gerechte-Welt-Glaube*. Doch dieser ist ein Irrglaube. Auf der Welt geht es nicht gerecht und fair zu, trotzdem glauben viele Menschen daran. Wird beispielsweise ein in einer einsamen Gegend nachts allein nach Hause laufender Mann ausgeraubt, neigen viele dazu, dem Opfer die Schuld zu geben und ihm ein Fehlverhalten zu unterstellen. Die Verantwortung liegt aber nicht beim Opfer, der Räuber hat die Schuld. Wir möchten jedoch glauben, dass, wenn wir uns nur klug und umsichtig verhalten – was wir ja schließlich tun –, uns nichts Schlimmes passieren kann. Der *Gerechte-Welt-Glaube* vermittelt uns vermeintliche Sicherheit, Kontrollmöglichkeit und Absehbarkeit. So können wir das Leben und all die diffusen Risiken und sozialen Ungleichheiten, die es mit sich bringt, besser aushalten.

MR. SPOCK

Neurologen haben herausgefunden, dass die meisten Menschen bereit wären, das Leben von einer ganzen Gruppe durch den Tod eines Einzelnen zu retten, wenn sie dafür nur aus der Distanz einen Schalter bedienen müssten. Sobald sie aber selbst Hand anlegen, also das Opfer berühren müssten, springt das emotionale System an, und deshalb lehnen sie ab.

Irrglaube

Panik, Flucht- oder Aggressionsinstinkt bestimmen im Notfall dein Verhalten.

Wahrheit

In einer plötzlichen Krise agierst du häufig extrem langsam und abgeklärt, so als wäre gar nichts geschehen.

10

Normalîtätsbias

BEWUSSTSEIN ALS BLINDER PASSAGIER

»UMFALL«

Zuschauer-
effekt → 161

Eine Notfallsituation tritt ein. Heftig und unerwartet. Du gerätst in Panik, dein Flucht- und Aggressionsinstinkt übernehmen augenblicklich. Oder etwa nicht? Die Wahrscheinlichkeit ist groß, dass die *Normalitätsbias* greift: Du erstarrst, du versuchst das Geschehen zu analysieren, zu begreifen, aber das gelingt dir in dieser Situation nicht, weil das alles gar nicht wahr sein darf und weil dein Gehirn die Vorkommnisse so noch nie durchgespielt hat. Du bleibst passiv, hegst die (unbegründete) Hoffnung, dass alles gleich wieder in geordneten, bekannten Bahnen weiterläuft. Dir fehlt ein Impuls, der es dir ermöglicht, die Schockstarre aufzugeben und zum Beispiel die Flucht zu ergreifen. Manche Tiere stellen sich in Gefahrensituationen sogar tot (*Thanatose*), um von der Bedrohung nicht mehr wahrgenommen zu werden. Die zahlreichen, zum Teil aufgebauschten Katastrophenmeldungen der modernen Medien bestätigen den *Normalitätsbias* und behindern das rechtzeitige Handeln bei echten Notfällen.

KATASTROPHE: FLUGZEUG

1977 kollidierten zwei Boeings 747 auf einer Startbahn Teneriffas in dichtem Nebel. Mit 250 Stundenkilometern stießen die Maschinen zusammen; eine explodierte sofort und verbrannte mit allen Insassen. Die andere Maschine mit 496 Passagieren wurde in Teile gerissen und fing ebenfalls Feuer. Ein Entkommen war jedoch noch möglich, indem die Menschen sich abschnallten und über die Tragflächen aus dem Flugzeug sprangen. Allerdings reagierten nur 61 Menschen. Die anderen verharrten reglos auf ihren Plätzen und starben in den Flammen.

THANATOSE *Schockstarre*

Fühlt sich ein Tier bedroht oder gerät es in eine plötzliche Stresssituation, fällt es in eine Schreckstarre (auch *Thanatose* genannt, von griech. Thanatosis: Herrscher des Todes), einen Zustand vollständiger Bewegungsunfähigkeit. Da Fressfeinde instinktiv auf das Fortlaufen eines Opfers geprägt sind, ist, wenn eine Flucht keine reelle Chance mehr bietet, das Totstellverhalten eine Schutzanpassung. Dieser Reflex tritt bei Insekten, Spinnen, Reptilien, Vögeln und auch Ziegen auf.

Eine bestimmte Hausziegenrasse fällt aufgrund der Erbkrankheit Myotonie bei Gefahr oder Aufregung in Ohnmacht (sie wird auch schlicht »nervous goat« genannt). Sie sind klein, meist schwarz-weiß gefärbt, und ihre Augen sind groß und hervorstehend. Sie gelten als freundlich und unkompliziert. Der Zustand der Thanatose hält nur wenige Minuten an, die Muskulatur der Ziege verkrampft sich und kann sich nicht sofort entspannen.

Irrglaube

**Das Ich ist geprägt von
unseren Erfahrungen,
Begegnungen und Erkenntnissen.**

Wahrheit

**Das Ich wird geprägt von
Vererbung und Unbewusstem.**

11

Zombiesysteme

BEWUSSTSEIN ALS BLINDER PASSAGIER

SUSAN GREENFIELD

Susan Greenfield ist eine britische Neuro-wissenschaftlerin und Schriftstellerin. Sie beschäftigt sich mit der Frage der Schuld. Ist der Mensch kriminell, weil sein Hirn anders funktioniert – oder funk-tioniert sein Hirn anders, weil er kriminell ist? Inwieweit sind Erkenntnisse der Hirnforschung für die Rechtsprechung bei der Beurteilung von Motiven und Verhalten relevant?

In der Forschung ist es schwer, eine Grenze zu ziehen, denn genetische und nicht-genetische Faktoren spielen zusammen. Jeder genetische Pool ist anders, es gibt kein einheitliches Raster für Kriminelle.

PHINEAS GAGE

Im Jahr 1848 wird der Schädel des Arbeiters Phineas Gage beim Schienenverlegen in Vermont, USA, von einem Metallrohr durchbohrt. Ein Teil seines Gehirns (eine halbe Teetasse) und das linke Auge werden dabei herausgerissen. Der Mann verliert nicht das Bewusstsein und empfindet keinen Schmerz – alles scheint normal. Doch nach einiger Zeit fällt auf, dass seine Persönlichkeit sich verändert: Der ehemals fleißige, freundliche junge Mann gebärdet sich zunehmend ausfallend, aggressiv und ist leicht zu erregen.

EINE FRAGE DER SCHULD

Was zur Hölle sind *Zombiesysteme*? Es sind die Systeme, unsere unterbewussten Schaltkreise, auf die wir keinen Zugriff haben. Wir atmen, schwimmen oder heben unseren Arm, ohne darüber nachzudenken. Neurologische Störungen wie Tourette oder das Split-Brain-Syndrom zeigen allerdings, dass komplexe Verhaltensweisen nicht unbedingt eine Willensfreiheit brauchen. Tourette-Patienten fehlt die Freiheit, etwas nicht zu tun, die Zombiesysteme entscheiden.

Ein junger Mann steht nachts auf, ohne aufzuwachen, fährt 20 Kilometer mit dem Auto und bringt seine Schwiegereltern um. Er erinnert sich nicht an die Tat. Der Schlaf ist unabhängig vom Denken im Wachzustand, unsere Gedanken im Schlaf und beim Schlafwandeln können also nicht bewusst gesteuert werden. Ist dieser Mann schuldig? Ein Mann entwickelt in der Blüte seines Lebens plötzlich pädophile Neigungen, nach zwanzig Jahren normaler Ehe. Als er wegen starker Kopfschmerzen untersucht wird, findet ein Neurologe einen Hirntumor, der entfernt wird – die pädophilen Gedanken verschwinden umgehend.

Zu welchen Überlegungen regen uns diese Beispiele an? Kann die natürliche Schranke zwischen geistigen Fähigkeiten und animalischen Trieben außer Kraft gesetzt werden? Können Tumore die Persönlichkeit eines Menschen verändern? Sind Kriminelle in dem Maße schuldig, wie wir Schuld definieren? Verbrechen müssen bestraft werden, doch muss über die Art der Bestrafung und der Behandlung nachgedacht werden? Etwa eine Rehabilitation durch Verbesserung der Impulskontrolle?

Menschliche Cyborgs
→ 197

ZOMBIESYSTEME?

»Zombie« weist darauf hin, dass die Unterprogramme dem Bewusstsein nicht zugänglich sind. Einige der Unterprogramme sind Teil unseres Reflex- und Instinktsystems, andere haben wir erlernt: Alle automatisierten Abläufe verwandeln sich in unzugängliche Zombie-Programme, wenn sie in Schaltkreise eingebrannt sind. Wenn ein Batter beim Baseball mit seinem Schläger einen Ball trifft, der so schnell fliegt, dass er ihn gar nicht sehen kann, dann nutzt er Zombie-Programme.

DIE MACHT DER INTUITION

Viele Experten fällen ihre Urteile intuitiv und können kaum in Worte fassen, wie das funktioniert, was sie da »aus dem Bauch heraus« entscheiden. Etwa Chicken Sexers, die das Geschlecht eines frisch geschlüpften Kükens erkennen, ohne die schlecht sichtbaren Geschlechtsmerkmale zu sehen. Oder Fahnder, die intuitiv Diebe oder Drogenkuriere aufspüren. Sie sind sich ihres Wissens nicht bewusst − wir alle wissen in Wahrheit mehr, als uns bewusst ist. Dieses Phänomen nennt man auch *Qualia* oder *phänomenales Bewusstsein*. Man hat ein Gefühl für etwas, aber man kann es nicht rational erklären.

Heuristik ist das Vermögen, trotz dürftiger Informationen, womöglich unter Zeitdruck, eine klare Meinung zu entwickeln. Die Wiedererkennung bestimmter Merkmale, die für das Definieren und Erkennen des unbekannten Parts fruchtbar gemacht werden, spielt bei intuitiven Urteilen und Entscheidungen eine wesentliche Rolle.

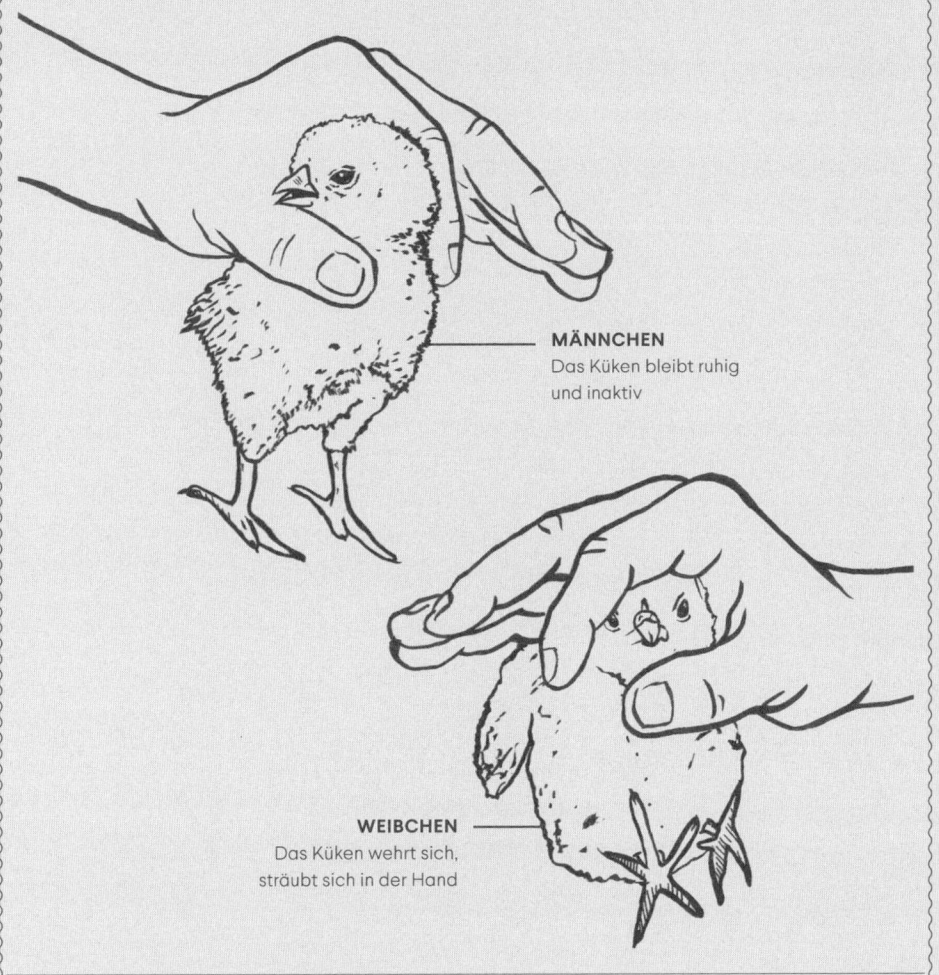

MÄNNCHEN
Das Küken bleibt ruhig
und inaktiv

WEIBCHEN
Das Küken wehrt sich,
sträubt sich in der Hand

CHICKEN SEXERS

Männliche und weibliche Küken werden in Hühnerfarmen so schnell wie möglich sortiert, um die Männchen, die keine Eier legen und deswegen als nutzlos erachtet werden, nicht länger als unbedingt nötig mit durchzufüttern. Zu diesem Zweck wurden in Asien »Chicken Sexer« ausgebildet, die bereits kurz nach dem Schlüpfen anhand von kaum wahrnehmbaren Unterschieden zwischen den weiblichen und männlichen Körperausgängen, den Kloaken, in der Lage sind, das Geschlecht eines Kükens zu bestimmen. Manche Chicken Sexer schaffen an die 1000 Küken pro Stunde. Wenn sie erklären sollen, wie sie das machen, haben sie keine gehaltvolle Erklärung parat, sondern schreiben es ihrer Intuition zu. Passend dazu besteht die Lehrmethode darin, dass der Könner dem Auszubildenden einige Wochen bei der Arbeit zusieht und dessen Geschlechtszuordnungen als falsch oder richtig bewertet. Wissen und Bewusstsein sind hier von der Intuition abgehängt.

Irrglaube

Wir haben einen freien Willen.

Wahrheît

**Veränderungen in unserem
Körper verändern
unsere Persönlichkeit.**

12

Neurologische Phänomene

KOPROLALIE

Besonders häufig tritt die Koprolalie bei Menschen auf, die am Tourette-Syndrom leiden. Diese Sprach-Tic-Störung ist der zwanghafte Impuls, plötzlich, oft laut und ohne erkennbaren Anlass, in der Öffentlichkeit Begriffe der Fäkalsprache zu äußern.

TEMPORALLAPPENEPILEPSIE

In Frankreich ist sie eine Nationalheldin, die katholische Kirche verehrt sie als Heilige: Jeanne d'Arc (Johanna von Orléans), die ihr Volk im Hundertjährigen Krieg gegen die Engländer und Burgunder führte. Sie wurde durch einen Verrat Kriegsgefangene und starb auf Betreiben des Herzogs von Bedford auf dem Scheiterhaufen. Mit 13 Jahren hatte Jeanne d'Arc die erste Erscheinung: Die heilige Katharina, die heilige Margareta und der Erzengel Michael befahlen ihr die Befreiung Frankreichs von England. Man nimmt an, dass die junge Frau unter Temporallappenepilepsie litt. Dass sie so fest an ihre Visionen glaubte, hatte erhebliche historische Auswirkungen.

CHEMIE-COCKTAIL

Das *Alien-Hand-Syndrom* ist eine neurologische Störung, die bewirkt, dass die Betroffenen keinen willentlichen Einfluss mehr auf eine ihrer Hände haben. Eine Hand nimmt ein Bonbon – die andere nimmt es ihr weg und legt es zurück. Jede Hand hat einen eigenen Schaltkreis im Gehirn. Die Störung tritt vermehrt bei Menschen mit Hirnverletzungen, nach Schlaganfällen oder Infektionen auf. Die Alien-Hand wird als Fremdkörper empfunden und gebärdet sich im schlimmsten Fall sogar aggressiv.

Das *Neglect-Syndrom* tritt meist nach einer rechtsseitigen Hirnschädigung auf und kann alle Sinne betreffen. Es bewirkt, dass der Betroffene eine gestörte Reizwahrnehmung hat. Er holt etwa nur die Dinge aus dem Kühlschrank, die auf der linken Seite stehen, und bewegt nur einen Arm, wenn er beide heben soll.

Die *Temporallappenepilepsie* ist eine spezielle Form des epileptischen Anfalls, der sich nicht in Krämpfen des Muskelapparates äußert, sondern in kognitiven Störungen und Verzerrungen, etwa Visionen oder Halluzinationen. Diese Form der Epilepsie kann eine persönlichkeitsverändernde Besessenheit mit sich bringen.

Konfabulation
→ 109

Menschen, die am *Tourette-Syndrom* leiden, können bestimmte Grimassen, Laute oder Bewegungen kaum oder gar nicht unterdrücken. *Koprolalie* gehört dazu. Es ist der Drang, anstößige, mit einem Tabu belegte Wörter auszusprechen.

Bei erblindenden Menschen kann es zu Illusionen oder Halluzinationen kommen, die mitunter fälschlicherweise als Demenz oder psychiatrische Erkrankung gedeutet werden, obgleich es sich um das *Charles-Bonnet-Syndrom* handelt: Betroffene sehen zum Beispiel Tiere oder Fantasiegestalten aufgrund einer geschädigten Sehbahn.

Ein *Déjà-vu* ist eine sogenannte qualitative Gedächtnisstörung. Bei sehr vielen Menschen ist dieses psychologische Phänomen irgendwann einmal aufgetreten. Man hat das Gefühl, eine Situation schon einmal erlebt zu haben. Begünstigend wirken Erschöpfung, Psychosen, Hirnerkrankungen oder Drogen und Gifte. Studien haben ergeben, dass weiterhin Verdrängung, ausgeprägte Fantasie, Überspanntheit und Traumata verstärkend wirken.

In der Achtzigerjahre-Horrorkomödie *Tanz der Teufel II* entwickelt die rechte Hand des Protagonisten Ash mit einem Mal ein Eigenleben und versucht, ihn umzubringen. Der von sich selbst Attackierte setzt mit der weiterhin loyalen linken Hand alles daran, die rechte von ihrem Tötungsversuch abzuhalten. Doch das hilft alles nichts. Die Hand greift wieder und wieder an, bis Ash in seiner Verzweiflung zur Kettensäge greift und das feindselige Körperteil abtrennt. Er steckt die Hand unter einen umgedrehten Mülleimer, den er mit Büchern beschwert. Ganz oben liegt Hemingways Antikriegsroman *In einem anderen Land* (*A Farewell to Arms*).

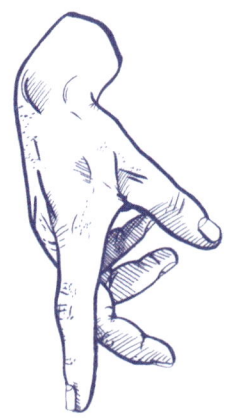

Irrglaube

Mir ist was in den Sinn gekommen!

Wahrheit

Dein Gehirn hat die Idee hart erarbeitet.

Bewusstseinserweiterung

BEWUSSTSEIN ALS BLINDER PASSAGIER

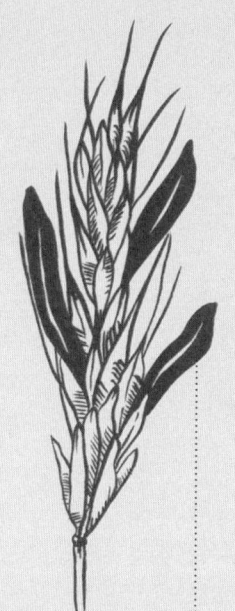

PEYOTE KAKTUS

Art psychoaktives Kakteengewächs

Herstellung frisch, getrocknet, pulverisiert

Wirkung psychotrop, antibiotisch

Stoff Meskalin

Geschmack sehr bitter

Geschichte rituelle Zeremonien der Indianer, Mexikaner, Heilung von Blindheit & Fieber

TEONANACATL

Art psychoaktiver Pilz

Bedeutung Fleisch der Götter, Gottespilz

Wirkung halluzinogen

Stoff Psilocybin

Geschmack mild pilzig

Geschichte rituelle Zeremonien (Azteken, Maya)

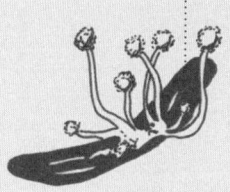

MUTTERKORN – LSD

Art Pilz, kornförmig

Herstellung chemisch

Bedeutung Lyserg-Säure-Diethylamid

Wirkung halluzinogen

Stoff Lysergsäure

Geschichte Nebenprodukt der Entwicklung eines Kreislaufstimulans

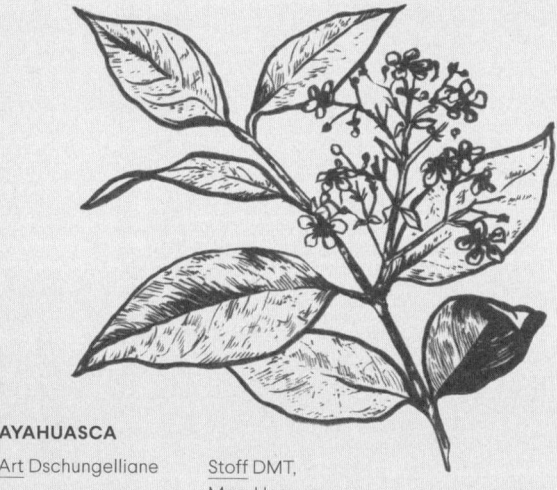

AYAHUASCA

Art Dschungelliane

Herstellung Gebräu aus den Blättern

Bedeutung Liane der Geister, Seelenranke

Wirkung halluzinogen

Stoff DMT, Mao-Hemmer

Geschmack faulig, bitter, süßlich

Geschichte Kulturgut indigener Völker, rituelle Zeremonien

IN JEDEM STECKT EIN ANDERER, DEN WIR NICHT KENNEN

Drogen erleichtern uns den Zugang zu den unbewussten Schaltkreisen. Dabei kann es passieren, dass wir in unserem Innern einem Unbekannten begegnen. Manche Schriftsteller, Künstler und Wissenschaftler, darunter Mozart, Goethe oder Blake, empfanden diesen Zustand wie eine sie beflügelnde, fremde Macht. Der Wirkung von Opium, LSD und anderen Drogen sind wir, wenn wir sie einmal eingenommen haben, hilflos ausgeliefert. Manche wirken wie ein Schlüssel-Schloss-System: Sie klinken sich in das neuronale Schaltsystem des Dopamins ein, das für das Belohnungssystem zuständig ist, und gaukeln uns eine Paradieserfahrung vor.

Konfabulation
→ 109

Unser Bewusstsein ist an dieser chemischen Arbeit des Hirns nicht beteiligt und hält das mögliche Ergebnis für eine eigene gedankliche Leistung. Wem aber gebührt eigentlich der Ruhm für unbewusst generierte geniale Ideen?

DROGEN & KUNST

Ob Johann Wolfgang von Goethe beim Schreiben seines Werkes »Die Leiden des jungen Werther« oder William Blake beim Verfassen des Gedichts »Milton« – beide gaben an, nicht nachgedacht, sondern einer inneren Macht gehorcht zu haben, während sie die Feder führten.

Manches Epos und manche wissenschaftliche Erkenntnis würde es ohne einen Opiumrausch des Menschen, in dessen Hirn die unbewussten Schaltkreise aktiviert wurden, womöglich gar nicht geben.

Bewusstseinserweiterung

WIR SIND UNBEWUSST INTELLIGENT

Irrglaube

**Vagen Aussagen begegnest
du misstrauisch.**

Wahrheit

**Allgemeinen Aussagen schenkst
du tendenziell Glauben.**

Subjektive Validierung

Äußerlich diszipliniert und kontrolliert, fühlen Sie sich innerlich ängstlich und unsicher. Mitunter zweifeln Sie ernstlich an der Richtigkeit Ihres Tuns und Ihrer Entscheidungen.

Vage, allgemein – und glaubwürdig für fast alle:
Eine von Bertram Forers gefakten Aussagen über die Persönlichkeit des Einzelnen

INDIVIDUELL GLEICH

Der Mensch glaubt zwar, Aussagen, die eher allgemein gehalten sind, mit gesunder Skepsis und Distanz zu begegnen, dabei erliegt er jedoch sehr häufig der Versuchung, vage Wahrheiten für bare Münze zu nehmen, wenn sie etwas Positives für ihn persönlich bieten. Das nennt man den *Forer-Effekt*, nach dem amerikanischen Psychologen Bertram Forer, der 1948 bei einem Persönlichkeitstest sämtlichen Teilnehmern dieselbe angeblich individuell erstellte Auswertung gab – die von dem Einzelnen im Schnitt als überdurchschnittlich zutreffend bewertet wurde. Dieser Umstand erklärt auch den Erfolg von Horoskopen, Tarot, Numerologie, Iridologie, Phrenologie und anderen Pseudowissenschaften. Wir pflegen unsere Individualität Auftritt mittels Einrichtung, Kleidung und Accesoires, sind aber doch genetisch alle gleich angelegt. Vage und dadurch mehrdeutige Aussagen lassen sich durch geschickte (Selbst-)Täuschung scheinbar unverwechselbar zuordnen.

BARNUM-EFFEKT

Mit diesem Begriff umschrieb Paul Meehl die oben beschriebene Neigung des Individuums, vage Aussagen als punktgenaue Beschreibung der eigenen Persönlichkeit anzusehen. Phineas Taylor Barnum war ein Zirkusdirektor mit einem riesigen Kuriositätenkabinett (American Museum), das für jeden etwas zu bieten hatte (»a little something for everybody«).

Irrglaube

**Einen echten Weinkenner kann
man nicht täuschen.**

Wahrheit

**Wenn es gelingt, seine
Erwartungen zu
manipulieren, lässt sich auch
ein Experte täuschen.**

Erwartung

BLUMIG IM BOUQUET

Attributions-
fehler → 127

Wirkliche Kenner lassen sich nicht täuschen? Doch, durchaus möglich. Denn niemand ist vollständig objektiv bei der Wahrnehmung von Eindrücken. Und kaum jemand kann sich ganz von der Anfälligkeit für Manipulation und Täuschung frei machen. Stets spielen Gewohnheiten, Emotionen und Beeinflussungen eine Rolle. Allein die Angabe eines niedrigen Preises kann den erfahrenen Weinverkoster dazu bringen, einen edlen Tropfen als vermeintlichen Fusel abzutun. Mit unterschiedlichen Etiketten und Angaben ausgestattet, werden selbst identische Weine mit ganz unterschiedlichen Eigenschaften beschrieben. Die *Erwartung* dominiert das tatsächliche Erlebnis. Deswegen spielen Optik, Preis, Darbietung sowie Werbung und Marketing eine so wichtige Rolle. Sie bedienen unsere Vorlieben, Erwartungen und Identifikationsbedürfnisse. Die Qualität oder der Geschmack sind tatsächlich eher zweitrangig.

FLORALE SPRACHE

Welch süßlich-schmelzige Frucht mit feinem, animierenden Duft, unterlegt mit einem Hauch reifer Ananas und leicht kräutrigen Komponenten, im Hintergrund faszinierende erdig-mineralische Anklänge. Am Gaumen eine verspielte Würze und eine harmonische Säure, geniale Balance, traumhaft komplex, changierend zwischen einem beschwingten und verspielt mineralischen Abgang.

KLEINE WEINKUNDE

Ausgesprochen blumig im Bouquet 🌺	↗
Gute Säurerasse	↗
Recht frühreif	↘
Strebt dem Höhepunkt zu	↗
Sehr gehaltvoll und spritzig	↑
Überreif, aber noch leicht	↘
Elegant, doch ohne Rückgrat	→
Körperreich, aber geschmeidig	↗
In der Nase rauchige Würze	↗
Reif, aber reizlos	↓
Am Gaumen stattlich	↗
Wunderschön ausgereift ♕	↑
Schwach entwickelt, aber mit Zukunft	→
Üppig und charmant, auf erdige Art	↗

Irrglaube

**Dein Glück hängt von
deiner Zufriedenheit ab.**

Wahrheit

**Du bestehst aus mehreren
Persönlichkeiten, und du
bist nur dann glücklich, wenn
sie alle zufrieden sind.**

Augenblick

GLÜCKS-TESTZONE

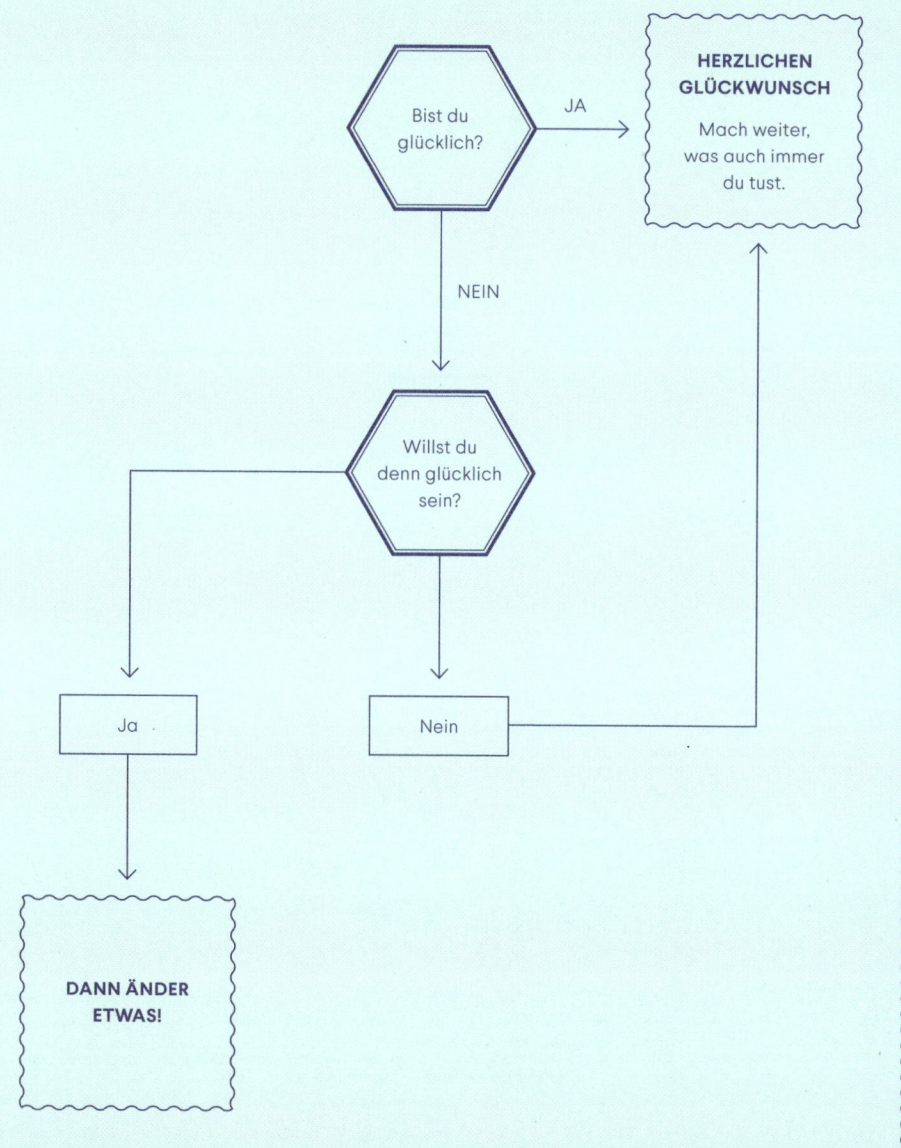

ICH VS. ICH

Glücklich ist, wer mit seinem Leben zufrieden ist. Das stimmt. Aber ganz so einfach ist es nicht. Denn erstens stellen wir durch unsere verschiedenen Charakterzüge, Eigenschaften, Ausprägungen unterschiedliche Anforderungen an unser eigenes Zufriedensein; zweitens prägen uns zwei wesentliche Pfeiler, das Erleben und das Erinnern, die uns in das jetzige Ich und das erinnernde Ich teilen. Das Leben hier und jetzt erlebt das jetzige Ich. Es ist für die Sinneswahrnehmung zuständig und bedient das Kurzzeitgedächtnis. Nur spezielle Erlebnisse gelangen in das Depot des Langzeitgedächtnisses. Die anderen Erinnerungen werfen wir ab wie unnützen Ballast. Ein schönes Erlebnis macht unser jetziges Ich glücklich, eine schöne Erinnerung für unser erinnerndes Ich.

Der Psychologe Daniel Kahneman vertritt die Ansicht, dass es zweierlei Sparten des Glücksgefühls gibt: im Jetzt Glück zu erleben und zu empfinden und gleichzeitig möglichst viele glückliche Erinnerungen aufrufen zu können, sodass beide Ichs zufriedengestellt werden.

Das Glück, das wir aufgrund eines bestimmten Erlebnisses empfinden, hält lediglich etwa 10 SEKUNDEN an. Ein kurzes Vergnügen. Nur besondere Erinnerungen, die es ins Langzeitgedächtnis schaffen, können wie ein Vorrat als glückliche Erinnerung abgerufen werden.

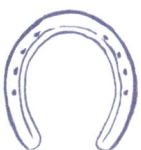

Irrglaube

**Alles, was du tust,
soll dir Erfolg bringen.**

Wahrheit

**Du begünstigst sogar
manchmal das Scheitern,
um dein Selbstwertgefühl
zu schützen.**

Self-Handicapping

KRITIK AN DEM, WAS ICH TUE, IST KRITIK AN MIR

Ein Hypochonder verspürt zwar beständig ein Unwohlsein, fährt aber in gewisser Weise gar nicht schlecht: Nicht nur bringen ihm seine Mitmenschen viel Mitleid entgegen, sondern es verringert sich auch sein Risiko zu scheitern. Wenn Widrigkeiten zu verzeichnen sind, also externe Faktoren schuld sind, muss der Betroffenen sich die Schuld am Misserfolg ja nicht selbst anlasten lassen, obwohl die Voraussetzungen fürs Scheitern selbst gemacht sind. Beim *Self-Handicapping* wird die Realität manipuliert, indem die eigene Wahrnehmung verdreht wird. Aus Angst zu versagen, schafft der *Self-Handicapper* äußere Gründe wie ein Bollwerk, hinter dem er sich verstecken kann: Externes ist schuld, das eigene Selbst muss das Versagen nicht verantworten. Und falls man doch reüssiert: Dann ist das umso großartiger in Anbetracht all der Fallstricke. Bei Männern ist die Tendenz zur Strategie des *Self-Handicapping* höher, vielleicht fühlen sie sich stärker gedrängt, kompetent und erfolgreich zu sein. Auch Egozentrik erhöht die Angst vor dem Scheitern. Denn wer jedes einzelne Handeln mit sich selbst gleichsetzt, fühlt sich bei Kritik als Person und in seiner ganzen Identität infrage gestellt.

Dunning-Kruger-Effekt
→ 41

Verzögerungs-taktik → 123

SAURE-TRAUBEN-EFFEKT

In der Fabel des Aesop sagt der Fuchs über die Trauben, die er nicht haben kann, weil sie zu hoch hängen, dass er sie gar nicht haben wolle, weil sie sauer seien. Man macht eine Sache schlecht und verbrämt damit eine Niederlage oder die Tatsache, dass man die Möglichkeit ohnehin nie hatte.

Beispiel »Ich würde Johnny Depp nicht heiraten wollen, er ist viel zu durchgeknallt.«

SÜSSE-ZITRONEN-EFFEKT

Wenn etwas Unangenehmes unvermeidbar ist, wird ein Vorteil vorgeschützt, damit das Selbstwertgefühl nicht angekratzt wird: Man tut so, als sei die Option doch gar nicht so schlecht, wie es scheint.

Beispiel »Ich arbeite gerne länger, nachts ist es kühl und vor allem ruhig.«

SCHICKSAL

Je glücklicher ein Mensch ist, desto mehr versucht er, seine positive Wahrnehmung der Welt zu erhalten. Niedergeschlagenheit kann für eine größere Ehrlichkeit und Realitätsnähe stehen.

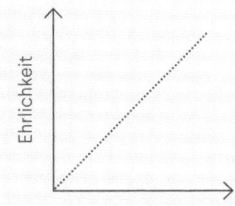

Irrglaube

**Äußere Einflüsse auf
die Zukunft muss man hinnehmen.**

Wahrheit

**Das Eintreten eines Ereignisses
kann durch den Glauben
daran bewirkt werden.**

Selbsterfüllende Prophezeiung

DER GLAUBE VERSETZT BERGE

Als eine *selbsterfüllende Prophezeiung* wird bezeichnet, wenn der Glaube an ein zukünftiges Ereignis das tatsächliche Stattfinden dieses Ereignisses auslöst. Zwar entziehen sich die zukünftigen Geschehnisse zu einem Teil unserer Kontrolle. Dennoch liegt es in der Natur des Menschen, beständig alles zu bewerten, Vorhersagen zu machen und den Dingen einen Sinn zu geben. Unsere Annahmen bestimmen unser Handeln, und unser Handeln wiederum bestimmt zu einem Teil die Zukunft. Die *selbsterfüllende Prophezeiung* basiert auf Vorstellungen und Erwartungen, die auch falsch sein können, die aber durch die Umsetzung in Handeln tatsächlich eintreten. Wer zu Pessimismus neigt und mit der Haltung »Das wird eh nicht klappen« an eine Prüfung herangeht, wird auch mit höherer Wahrscheinlichkeit scheitern. Wird einem Lehrer ein Kind als sehr begabt vorgestellt, behandelt und bewertet er es in der Regel anders, geprägt von positiven Erwartungen. Es ist ein unbewusst ablaufender Vorgang: Wir manipulieren unsere Wahrnehmung der Umwelt, sodass die Realität dann der Erwartung entspricht.

Self-Handi-capping → 95

FEEDBACK-SCHLEIFE

Es kann eine Art Teufelskreis entstehen, wenn Menschen eine Situation – womöglich falsch – einschätzen und daraufhin handeln. Wenn etwa das Gerücht aufkommt, Kaffeepulver werde knapp, und in der Folge die einzelnen Haushalte sich ungewöhnlich stark bevorraten, um den Engpass zu überstehen. Da alle so denken und die Kaffeebestände aufkaufen, gibt es tatsächlich einen Mangel.

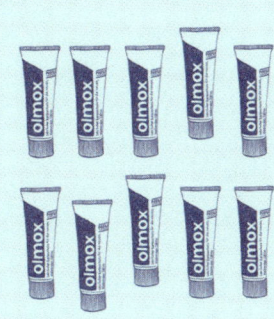

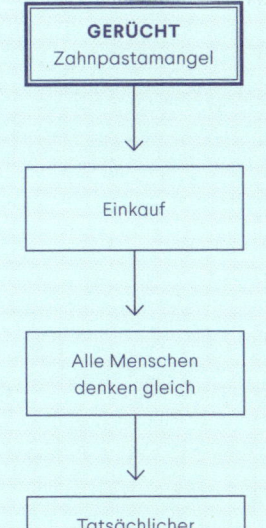

GERÜCHT
Zahnpastamangel

↓

Einkauf

↓

Alle Menschen
denken gleich

↓

Tatsächlicher
Mangel

```
        S U P E R M A R K T
Mozartweg 23, 46735 Superdorf
+ + + + + + + + + + + + + +
Beleg Nr.: 88467364995930
Fr, 14.06.2013        17:34 Uhr
------------------------------
Zahnpasta 34x 97g
=> 0.89 EURx34 Stk. 30.26 EUR
------------------------------
       Rechnungsbetrag 30.26 EUR
==============================
Gegeben:   50.00 EUR
Rückgeld: 19,74 EUR


     V I E L E N D A N K !
BESUCHEN SIE UNS BALD WIEDER.
```

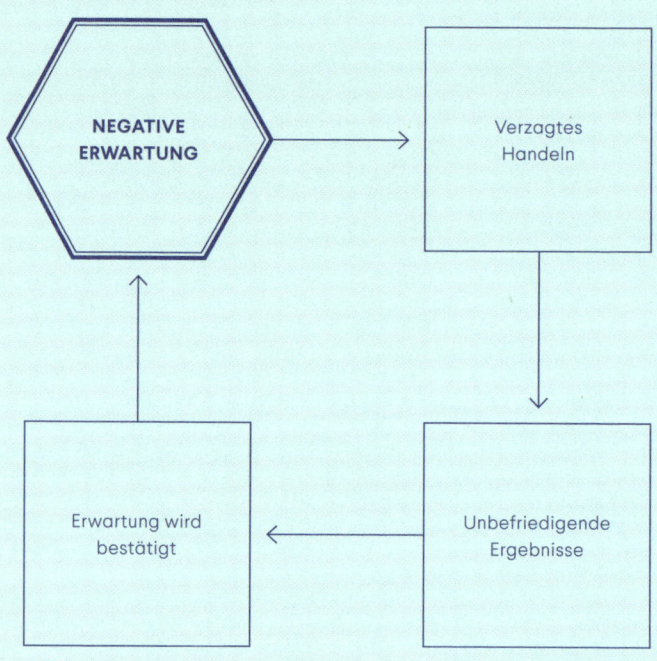

**WHETHER YOU THINK YOU CAN,
OR THINK YOU CAN'T.
YOU'RE RIGHT.**

ERLERNTE HILFLOSIGKEIT

Wenn eine Person sich in einer problematischen Lage befindet, so sollte man meinen, versucht sie alles, um Abhilfe zu schaffen. Manchen Menschen steht jedoch das Phänomen der *erlernten Hilflosigkeit* im Wege: Sie ergeben sich, weil sie glauben, keine Chance zu haben. Ihr Optimismus wird niedergerungen von einem alles überlagernden Gefühl der Vergeblichkeit. Es handelt sich oft um Menschen, die irgendwann in ihrem Leben einen massiven Kontrollverlust oder eine gewaltige Niederlage erfahren haben. Pessimismus und Depression begünstigen die *erlernte Hilflosigkeit*. Entgegenwirken kann man ihr durch Aktivitäten (ich fange an zu joggen) und durch das Fällen von Entscheidungen (»Ich lasse mir eine neue Frisur schneiden«). Das lähmende Gefühl der Hilflosigkeit wird allmählich schwächer, und nächste Schritte scheinen nicht mehr unmöglich. Niederlagen können als Etappen auf dem Weg zum Ziel statt als endgültiges Scheitern betrachtet werden.

Self-Handicapping → 95

← **EINSTELLUNG**

Die Einstellung ist entscheidend: Glaube ich an eine negative Prognose und bereite damit den Weg für das negative Ereignis? Oder besinne ich mich auf meine Chancen, meinen Handlungsspielraum, meine Entscheidungsfreiheit und übernehme Verantwortung, zeige Engagement und ergreife die Initiative, was mich zum Erfolg führt?

AUSSICHT AUF ENTKOMMEN

Der Psychologe Martin Seligman pflanzte tödliche Krebszellen in Ratten ein. Ein Teil der Ratten bekam regelmäßig Stromschläge, wobei ein paar Tiere die Möglichkeit erhielten, eine Mechanik auszuschalten und abzuhauen. Eine dritte Gruppe bekam keine Stromschläge. Nach vier Wochen stellte Seligman fest, dass 63 Prozent der Tiere, die sich einen Fluchtweg erschließen konnten, die Krebszellen bekämpft hatten. Die tödlichen Zellen hatten bei 54 Prozent der Ratten, die gar keinen Stromschlägen ausgesetzt waren, keinen Schaden anrichten können. Von den Ratten, die die Stromschläge ohne Fluchtmöglichkeit erdulden mussten, blieben nur 23 Prozent übrig.

Irrglaube

**Im Fall eines Streits orientierst
du dich an den Fakten.**

Wahrheit

**Im jedem Streit bewirkt die Wut,
dass du die Haltung
deines Gegenübers verzerrst.**

№ 19

Strohmann-Argument

UNBEWUSSTE INTELLIGENZ

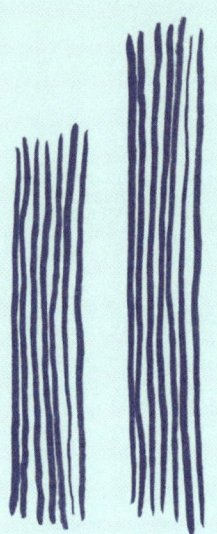

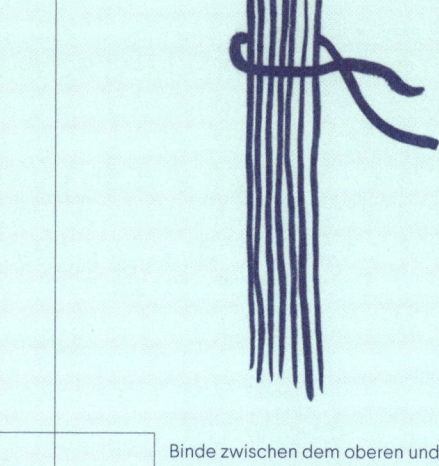

Nimm zwei Bündel mit jeweils möglichst gleich langen Strohhalmen. Ein Bündel sollte etwas kürzer sein.	**1**	**2**	Binde zwischen dem oberen und mittleren Drittel einen Faden um den größeren Strohhalmbund.
Lege den kleineren quer über die gebundene Stelle des größeren Bündels. Überkreuze den Faden.	**3**	**4**	Lege den kleineren quer über die gebundene Stelle des größeren Bündels. Überkreuze den Faden.

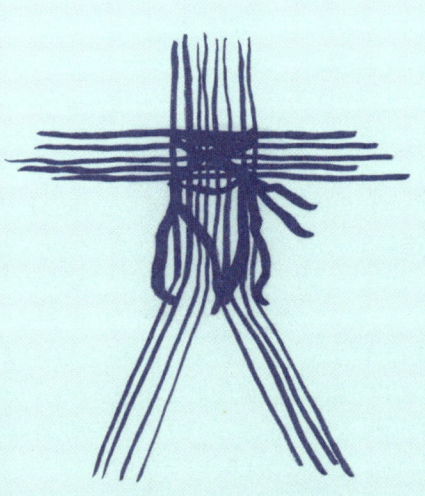

WELTUNTERGANGSSTIMMUNG

Jeder glaubt, sich in Auseinandersetzungen halbwegs objektiv zu verhalten und an Fakten zu orientieren. Tatsächlich aber verfallen wir im Zustand der Wut häufig auf eine Methode der Manipulation, das *Strohmann-Argument*, indem wir unserem Kontrahenten eine Ansicht unterstellen, die dieser gar nicht vertritt, die wir aber besser angreifen können. Die Äußerungen des Gegners werden verzerrt, wir gestatten uns quasi einen Fehlschluss, um in einem Streit nicht zu unterliegen. Typischer *Strohmann* ist ein Weltuntergangsszenario, das als Folge der vom Gegner vorgebrachten Argumente entworfen wird.

DEFINITION

Eine Person vertritt Meinung X, der Gegner ist anderer Ansicht und macht Meinung Y (die eine verzerrte oder übertriebene Version von X ist) daraus. Danach wird diese Meinung Y angegriffen, jedoch mit dem Effekt, dass Meinung X als falsch gilt.

Beispiel

A Ferien sind schön.

B Wenn wir *immer* Ferien hätten, würde die Arbeit nicht verrichtet werden, und die Folge wären Armut und Niedergang.

B behauptet, A hätte behauptet, dass es schön wäre, wenn immer Ferien wären – und hält dagegen. A hat aber gar nichts über die Dauer der Ferien gesagt.

Irrglaube

Dir ist bewusst, wann du dir etwas vormachst.

Wahrheit

Du denkst dir unbewusst Märchen aus als Stütze deines Tuns und deiner Emotionen.

Konfabulation

BLINDER FLECK

Im Jahr 1688 stellte der Physiker Edme Mariotte fest, dass ein großer Bereich der Augennetzhaut keine Photorezeptoren besitzt. Dort, wo der Sehnerv verläuft, haben Rezeptoren keinen Platz.

Eine Lücke in der Wahrnehmung gibt es dennoch nicht. Denn das Gehirn ergänzt die fehlenden Informationen durch ein Hintergrundmuster – es schließt die Lücke.

FINDE DEINEN BLINDEN FLECK

1. Halte das Buch mit ausgestreckten Armen vor dein Gesicht.
2. Fixiere das linke Kreuz.
3. Schließe das linke Auge.
4. Nähere das Buch langsam deinem Gesicht.
5. Die Linie schließt sich, der Zwischenraum wird gefüllt.
6. Herzlichen Glückwunsch, du hast deinen blinden Fleck gefunden.

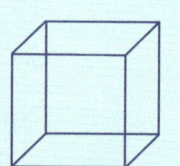

OPTISCHE TÄUSCHUNG

Täuschungen gestatten uns einen Blick hinter die Arbeitskulissen unseres Gehirns. Beim Prozess des Sehens gibt es mehrere Interpretationsmöglichkeiten. Unser visuelles System wechselt rasch zwischen den Optionen hin und her – dies nennt man einen *multistabilen Reiz*. Die Aussparung der drei zueinander angeordneten Kreise wird als »unsichtbares« Dreieck gesehen.

LÜCKENFÜLLER

Wir merken es nicht, wenn wir uns selbst belügen. Vielmehr erfinden wir ständig Märchen, um uns die Welt und uns selbst darin zu erklären. Und das, was wir geradezu leichtfertig als *Realität* bezeichnen, formen und ändern wir ständig. So entsteht eine stimmige Geschichte. Unser Hirn kann nicht anders, als Lücken zu schließen – oft mit Fantasiematerial, nicht mit der Wahrheit.

Wenn wir eine vermeintlich wahre Geschichte nacherzählen, dann ist sie durch unsere subjektive Bearbeitungszentrale geschleust worden und mitnichten weiterhin ein exaktes Abbild der Realität. Durch die andauernde *Konfabulation*, die unser aller Hirne betreiben, werden zehn Personen dieselbe Episode in zehn Varianten schildern. Wir glauben zwar, dass wir dazu in der Lage sind, aber wahr ist, dass wir keineswegs die schlichte Wahrheit über uns selbst, unsere Entwicklung, unser Tun, unsere Gefühle kennen. Nur etwas, was wir dafür halten. Die meisten Denkmechanismen, die ganzen Hintergrundarbeiten unseres Gehirn bleiben uns verborgen, sodass wir zwischen Realität, Ausschmückung und Verzerrung nicht souverän unterscheiden können.

Vom *Korsakow-Syndrom* Betroffene vergessen sämtliche Erlebnisse in der jüngsten Vergangenheit, und um sich weiterhin in Raum und Zeit zu orientieren und sich die eigene Verwirrung zu ersparen, werden Lücken durch *Konfabulation* geschlossen.

Neurologische Phänomene → 71

Leidet ein Patient unter *Anosognosie*, leugnet er die eigene Erkrankung, etwa eine Lähmung oder Schwerhörigkeit, und erfindet Ausreden, die sein Unvermögen erklären sollen.

Jeder Mensch erfindet früher oder später eine Geschichte, die er dann für sein Leben hält.

Max Frisch

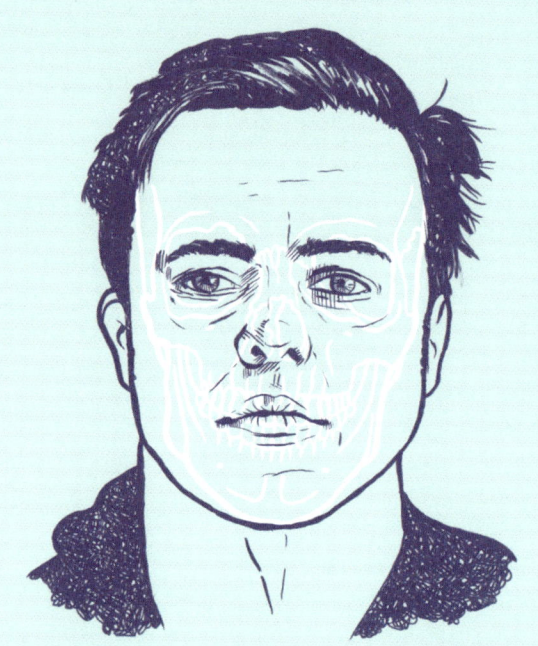

COTARD-SYNDROM

Betroffene des Cotard-Syndroms leiden unter der Wahnvorstellung, gestorben zu sein und als Geist zu existieren. Da sie sich für tot halten, geht es mitunter so weit, dass die Patienten nichts mehr essen und verhungern.

CAPGRAS-SYNDROM

Betroffene des Capgras-Syndroms leiden unter einer wahnhaften Störung und Personenverkennung. Sie glauben, dass (ihnen nahestehende) Personen durch Doppelgänger ersetzt wurden. Da ihre emotionale Reaktionsfähigkeit gestört ist, suchen sie eine Erklärung für das Ausbleiben der Empfindung.

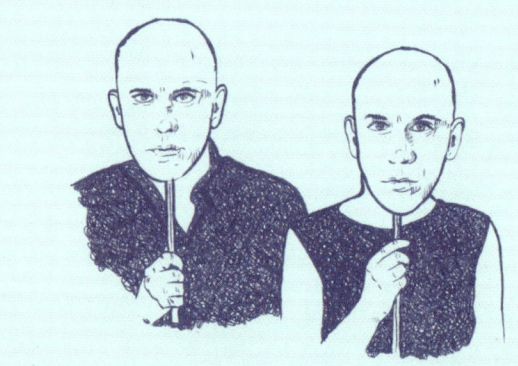

SPLIT BRAIN

Eine schwere Epilepsie etwa kann bewirken, dass die beiden Gehirnhälften (Hemisphären), die durch einen Nervenstrang zusammenhängen, voneinander getrennt werden. Split-Brain-Patienten scheinen zu lügen, glauben jedoch ernsthaft an ihre Behauptungen. Der Betroffene kann die Wahrnehmungen der Hemisphären nicht mehr in Einklang bringen und versucht, mithilfe von Konfabulation eine für beide annehmbare Plausibilität herzustellen.

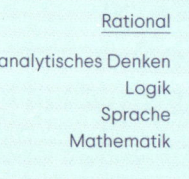 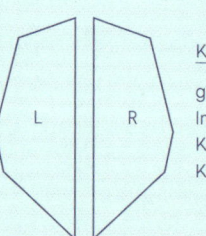

Rational

analytisches Denken
Logik
Sprache
Mathematik

L   R

Kreativ

ganzheitliches Denken
Intuition
Kreativität
Kunst & Musik

NEGLECT-SYNDROM

Ein Infarkt oder eine Verletzung von außen kann eine halbseitige Hirnläsion (Hirnschädigung) bewirken. Das Neglect-Syndrom schränkt den Patienten bei der Wahrnehmung ein. Er übersieht die Hälfte dessen, was in seinem Gesichtsfeld liegt, übersieht Gegenstände, die deutlich im Weg liegen, oder rasiert sich nur eine Seite des Gesichts. Werden Betroffenen auf zunächst Übersehenes aufmerksam gemacht, ist es ihnen möglich, die Dinge doch wahrzunehmen.

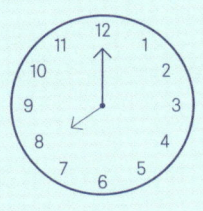

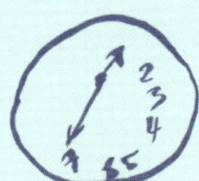

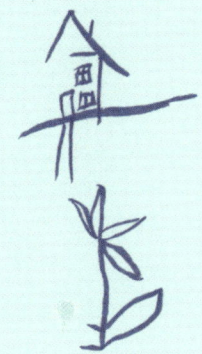

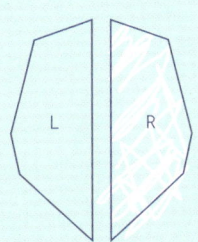

Irrglaube

**Nichts ist eindeutiger als
ein offensichtlicher Fakt.**

Wahrheit

**Fakten werden gedeutet,
sodass sie Annahmen bestätigen.**

№ 21

Kunst
der Deduktion

UNBEWUSSTE INTELLIGENZ

HERCULE POIROT

Der belgische Privatdetektiv Hercule Poirot, erschaffen von der Schriftstellerin Agatha Christie, hält sich einiges auf seine gedanklichen und kombinatorischen Fähigkeiten zugute. Etliche verzwickte Fälle hat der während des Ersten Weltkrieges im britischen Exil lebende Pensionär mithilfe seines aufmerksamen und hellwachen Geistes schon gelöst. Poirot wirkt eher penibel und dandyhaft als genial, was sich als Vorteil erweist, da er mitunter unterschätzt wird.

TOM BARNABY

Caroline Grahams Romane lieferten die Vorlage für die britische Krimiserie »Inspektor Barnaby«, in der Detective Chief Inspector Tom Barnaby rätselhafte Morde, die sich in der (fiktiven) Grafschaft Midsomer ereignen, aufklärt. Seine Besonnenheit, Intelligenz und überragende Fähigkeit zur Schlussfolgerung tragen entscheidend dazu bei, dass Barnaby aus chaotischen und scheinbar unentwirrbaren Faktenlagen eine Lösung deduziert.

JANE MARPLE

Die leicht verschrobene ältere Britin Miss Jane Marple, eine weitere Romanfigur von Agatha Christie, lebt in einem vermeintlich verschlafenen (fiktiven) englischen Dorf. Dort sieht es zwar beschaulich aus, es werden jedoch ungewöhnlich viele Morde verübt, die die blitzgescheite Amateurdetektivin durch scharfsinniges Kombinieren und unbestechliche Logik aufgeklärt.

KRIMINALISTISCHES INTERPRETIEREN

Er beherrscht die »*Kunst der Deduktion*« wie kein Zweiter: Sherlock Holmes, der ebenso eigenwillige wie beeindruckende Held der Kriminalliteratur, den Sir Arthur Conan Doyle geschaffen hat. Ein scheinbar unwesentliches Detail, die Beschaffenheit eines Hutes etwa, lässt ihn nach und nach Rückschlüsse auf eine ganze Geschichte ziehen, auf Lebensweise, sozialen Stand, Probleme und Eigenarten seines Besitzers. Unter *Deduktion* versteht man das Schließen vom Allgemeinen auf das Besondere, das Ermitteln einer, gar der einzigen logischen Konsequenz, indem zunächst aus Augenzeugenberichten, Ermittlungsunterlagen und Sichtung so viele Tatsachen wie möglich zusammengetragen werden, die dann wiederum mit purer Logik beleuchtet werden, bis sie verblüffende Wahrheiten preisgeben.

Es handelt sich also nicht etwa um das Phänomen der *Apophänie*, die Ablehnung von Unordnung und Zufällen, die eine Bedeutung erkennt – unbedingt erkennen will –, wo de facto Chaos und Durcheinander herrschen. Die berühmten, in ihrem Metier hochbegabten Detektive der alten Schule erkennen Muster, wo andere nur Wirrnis sehen, schaffen Ordnung, wo andere rat- und hilflos Puzzleteilchen von hier nach da schieben.

Apophänie → 173

AUS CHAOS WIRD ORDNUNG

Es fasziniert die Menschen seit jeher: Wenn eine zunächst mysteriös und unerklärbar wirkende Handlung sukzessive erhellt und aufgerollt wird, bis die Erkenntnisse sich zum geistigen Schlüssel formen, der die Tür der Verwirrung öffnet und den Blick auf das gefügte Bild, den mit einem Mal freigelegten Sinn freigeben. Wir lieben es, von Fiktion, Krimis und Mystery zunächst in unbeantwortbare Fragen eingesponnen und dann mit überraschender Erhellung befreit zu werden.

SHERLOCK HOLMES

Für die BBC-Serie »Sherlock« wurden Detektiv Sherlock Holmes und sein Assistent Dr. John Watson um gut hundert Jahre in die Gegenwart Londons versetzt. Holmes und der bodenständige Militärarzt Watson leben im selben Haus und arbeiten mit Scotland-Yard-Inspektor Lestrade zusammen. Watson veröffentlicht die Fälle in einem Blog, was Sherlock bekannt macht.

Mein Kaninchen BLUEBELL ist verschwunden. Es hat geleuchtet wie eine Fee!

Kirsty Stapleton

1

221B

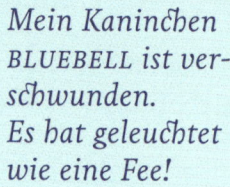

Maximaler Druck unter einer Sekunde

→ Klient

2

HENRY KNIGHT

3

 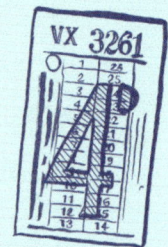

Ausgestanztes Papier der Fahrkarte auf dem Ärmel

→ Klient nahm den ersten Zug nach London von Exeter um 5.46 Uhr; besonderes Geschehen

4

DR. JOHN H. WATSON

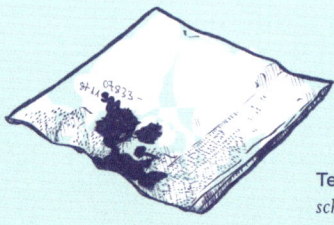

Telefonnummer *(weibliche Handschrift)*, **schräger Winkel, nachgezeichnete Ziffern, Kaffeeflecken**

→ Frau hatte Gefallen an Henry Knight gefunden; sie saß ihm schräg gegenüber; er zeichnete verwischte Ziffern nach; hat nun das Interesse verloren, da er sich den Mund damit wischt

5

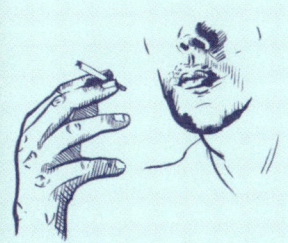

Befleckte Serviette und Spuren von Soße im Mundwinkel

→ Henry frühstückte im Zug ein Sandwich, dazu einen Kaffee

6

Gelbe Flecken an den Fingern, Nervosität

→ Er ist starker Raucher, kam noch nicht dazu, da das gestrige Ereignis zu wichtig ist

7

Ich sah die Abdrücke eines gigantischen Hounds.
Henry Knight

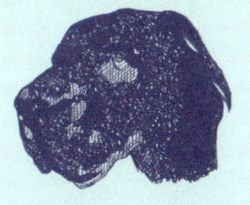

8

Dr. Bob Franklyn

Ich gebe Ihnen meine Cellphone-Nummer.

9

Kirsty Stapleton
Tochter von Dr. Stapleton, Akte Bluebell

→ GF4-Gen der Qualle brachte Bluebell zum Leuchten

10

Dr. Stapleton
Grenzen setzt nur die Ethik

11

Ich gehe nun in meinen Gedächtnispalast.
Sherlock Holmes

Henry Knight träumt von den Worten »Liberty In«

12

LIBERTY

Liberty Bell
Liberty Muster
Liberty London
Liberty Marsch
Liberté, Egalité …

IN

Inn
Indie
Ingolstadt
Indium (Ordnungszahl 49)

HOUND

Ridgeback
Wolfshund
Hound Dog (Elvis)

13

LIBERTY, INDIANA H.O.U.N.D

Forschungsprojekt H.O.U.N.D. – Indiana

→ Dr. Bob Franklyn kommt aus den USA; er sprach von seinem Cellphone

14

Zugriff auf die Akte des Projekts auf dem Computer des Majors Barrymore

→ ist altmodisch, Biografie von Margret Thatcher im Regal

15

Passwort

M A G G I E

16

Konditionierte Panikattacken, Angst-Stimulus, Paranoia

→ Chemisches Minenfeld; Nebel aus der Droge

Der Tatort ist die Mordwaffe.
Sherlock Holmes

17

WENIGER IST MEHR

Irrglaube

**Du zögerst Erledigungen
aus Faulheit hinaus und weil du
schlecht organisiert bist.**

Wahrheît

**Du schiebst Erledigungen vor dir her,
weil du dem Urinstinkt nachgibst,
das Vergnügen zu wählen.**

Verzögerungstaktik

DER LANGE KAMPF DER WILLENSKRAFT

»Was du heute kannst besorgen, das verschiebe nicht auf morgen.«
Aber warum fällt es uns so schwer, das, was wir erledigen wollen und
müssen, auch zu machen? Warum schieben wir Erledigungen auf und
lassen uns hier und jetzt von Vergnüglicherem, Seichterem, Unver-
nünftigem ablenken? Liegt es an Faulheit und schlechter Organisa-
tion? Manch einer hat eine stolze Sammlung mit wichtigen und an-
spruchsvollen Zeitungsartikeln, die er unbedingt noch lesen möchte
– und liest dann doch jeden Tag die Panorama-Seite oder löst das
Kreuzworträtsel. Das Problem ist nicht das Zeitmanagement, sondern das Scheitern der Willenskraft im Kampf mit unserem Gehirn.
Unsere Urinstinkte stiften uns dazu an, die sofortige Belohnung an-
zustreben und nicht das fernere Ziel, das mit Geduld und Vernunft
einhergeht und in der ungewissen Zukunft liegt. Die Taktik muss
darin bestehen, nicht hier und heute auf Stapeln und Listen Verspre-
chungen für morgen zu parken, sondern hier und heute gegen die
Willensschwäche anzutreten, sie zu überlisten und loszulegen.

Self-Handicapping
→ 95

MARSHMALLOW-TEST

Der Psychologe Walter Mischel von der Stanford University führte von 1968 bis 1974 einen als *Marshmallow-Test* bekannt gewordenen Versuch mit Vorschulkindern durch. Sie wurden vor die Wahl gestellt, ein Marshmallow sogleich essen zu dürfen oder, wenn sie es schafften, zu warten, bis der Versuchsleiter nach kurzer Abwesenheit zurück in den Raum kam, zwei der beliebten Süßigkeiten zu bekommen.

Einige Kinder brachten die Geduld auf, andere nicht. Sogenannte Nachbeobachtungsstudien ergaben, dass die Kinder, die auf ihre Belohnung hatten warten können, besser darin waren, ihr für Verlockungen anfälliges Ich zu überlisten, und in Schule und Beruf erfolgreicher und leistungsfähiger waren.

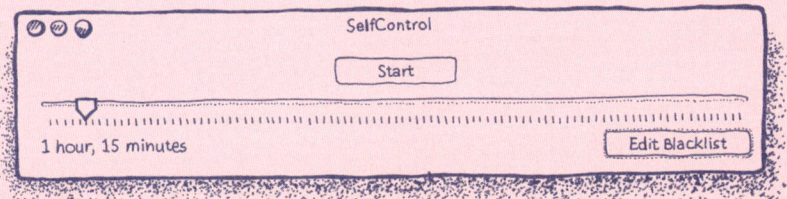

SelfControl

Start

1 hour, 15 minutes   Edit Blacklist

PROKASTINATION

Aufschieben, vertagen, hinaus-
zögern – das ist der tägliche
Kampf gegen das Ich der Zukunft,
das dem realistischer ausge-
prägten Ich der Gegenwart in
den Rücken fällt. Wenn die Pro-
krastination chronisch zu werden droht, helfen Programme wie
Self Control oder *Freedom*, indem
sie ablenkende Programme und
Websites blockieren.

Filme, die ich schon immer einmal sehen wollte

Cloud Atlas
Vom Winde verweht
Casablanca
The Barber
Der blutige Pfad Gottes II
City of God

_____
_____
_____
_____

Bücher, die ich schon immer einmal lesen wollte

Der Name der Rose
Herr der Ringe
Der Friedhof in Prag
To kill a mockingbird

_____
_____
_____
_____
_____

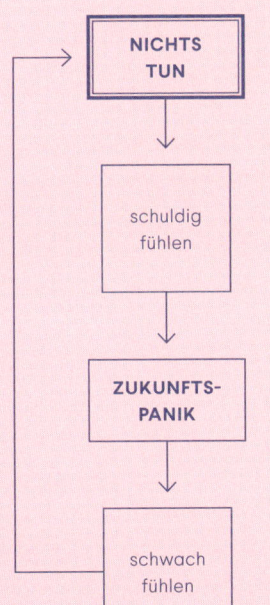

NICHTS
TUN

schuldig
fühlen

ZUKUNFTS-
PANIK

schwach
fühlen

GEGENWART VS. ZUKUNFT

Ich der Gegenwart oder Ich der
Zukunft? Ein zuckriges Stück
Kuchen oder gesundes Obst?
Gegenwartsverzerrte Präferen-
zen bewirken, dass wir zwar Obst
und Gemüse kaufen, es dann
aber oft verkommen lassen, weil
wir eher zur Süßigkeit greifen.

Ich der Gegenwart

Ich der Zukunft

Irrglaube

**Der Charakter einer Person
zeigt sich in ihrem Verhalten.**

Wahrheit

**Eine bestimmte Situation
hat mehr Einfluss auf
das Verhalten einer Person
als deren Charakter.**

Attributionsfehler

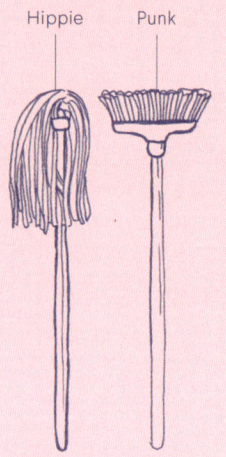

Hippie   Punk

$(\sqrt{2} + \sqrt{8})^2 = 12$

STEFFI LIEGT FALSCH.
Zeige anhand eines Beispiels
warum sie unrecht hat.

SIE IST EINE FRAU

SOZIALE MASKEN

Die Situation, in der sich ein Mensch befindet, wirkt sich stark auf sein Verhalten aus. Der Inhaber eines Modegeschäfts bedient Sie freundlich und enthusiastisch, dabei geht es ihm wahrscheinlich schlicht darum, seine Ware zu verkaufen. Er spielt eine Rolle. Ärger im Büro kann einen Familienvater ignorant gegenüber den Bedürfnissen seiner Familie wirken lassen, dabei ist er sorgenvoll. Wir begehen einen *Attributionsfehler*, wenn wir glauben, das Verhalten eines Menschen offenbare uns auch seinen Charakter. Bei der Beurteilung eines Menschen sind wir oft voreilig und klammern die speziellen Einflüsse und Situationen aus.

GOING POSTAL

In den Achtzigern und Neunzigern kam es in den USA mehrfach zu Amokläufen von Postangestellten. Obwohl etwa in Einzelhandelsgeschäften deutlich mehr Menschen einem Tötungsdelikt zum Opfer fallen und in den USA viele verschiedene Amokläufe zu verzeichnen sind, hat sich das Bild vom durchdrehenden Postler festgesetzt, da der Begriff »going postal« für Amokläufe am Arbeitsplatz aufkam und von den Medien verbreitet wurde. Weder sind Postangestellte besonders gewalttätig, noch sind alle Amokläufer unzurechnungsfähige Wahnsinnige. Das ist ein Attributionsfehler – der uns beruhigt. So drücken wir uns vor der Erkenntnis, dass sich bei nahezu jedem Frust, Angst, Druck und Zorn aufstauen und entladen können.

BEWARE OF THE

DER ERSTE EINDRUCK TÄUSCHT

Wer glaubt, der Charakter einer Person zeige ich in ihrem Verhalten, begeht einen *Attributionsfehler*. Wir neigen dazu, alles sofort in eine sinnhafte Ordnung zu bringen, und haben noch aus Urzeiten, als kleine Gruppen ohne personellen Wechsel jeden Tag miteinander verbrachten, mentale Abkürzungen, also Stereotype und Schubladen, parat. Bei Fremden können wir nicht wie bei uns regelmäßig begegnenden Menschen ein Verhalten auf seine Facetten und Hintergründe überprüfen. Wir haben weit weniger Informationen über die Gesamtsituation, sodass wir kurzerhand die Gründe für das Verhalten ausschließlich im Charakter suchen. Das Stanford-Prison-Experiment (1971 von dem Psychologen Philip Zimbardo in Stanford durchgeführt) hat gezeigt, wie stark der Einfluss der Situation auf unser Verhalten ist. Eine Gruppe von Studenten (Mittelstand, keine Vorstrafen) wurde in die Rollen von Gefängniswärtern und Insassen aufgeteilt. Das Experiment musste abgebrochen werden, da situativer Kontext und Umfeld die Probanden innerhalb von Tagen in tyrannische Aggressoren (Wärter) und seelisch belastete Opfer (Insassen) verwandelte.

Erwartung
→ 87

Irrglaube

**Du kannst die Kontrolle,
die du über dein Umfeld hast,
einschätzen.**

Wahrheit

**Vieles, was du glaubst,
kontrollieren zu können,
hängt vom Zufall ab.**

Kontrollillusion

MUSTERSUCHE

Dass bereits der urzeitliche Mensch gelernt hat, unter den unzähligen Informationen in seiner Umgebung Muster auszumachen, hat seine Entwicklung und seine Überlegenheit gesichert. Unser Gehirn kann nicht anders, als in allem ein Raster zu suchen – und übertreibt es dabei mitunter. So kommt es zu einer *Kontrollillusion*. Sie lässt uns annehmen, Dinge durchschauen und beeinflussen zu können, die sich uns jedoch entziehen: Nach 18 mal Rot *muss* Schwarz beim Roulette kommen (dabei bleibt es pro Wurf bei einer Fifty-fifty-Chance). Verstärkt wird die *Kontrollillusion* durch den Hang des Menschen zu magischem Denken: Das Daumendrücken hat bei der Prüfung geholfen, das Ritual hat vor Infizierung geschützt. Die *Kontrollillusion* kann sich durch ein beflügeltes Selbstwertgefühl, Optimismus und Agilität auch positiv auswirken. Passivität und eine Haltung der Hilflosigkeit bewirken jedenfalls weniger. Am besten ist, man weiß um die *Kontrollillusion*, akzeptiert Chaos und Zufall und die Erkenntnis, dass das Ausmaß der eigenen Kontrolle gering ist.

Apophänie → 173

Zielscheibenfehler → 165

Ogoun

Ayizan

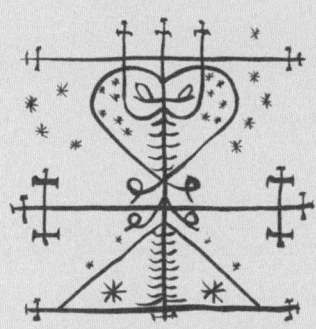

Maman Brigítte

Papa Legba

VOODOO-VEVE

Die Wolke hat Ähnlichkeit mit einer Giraffe, aber das ist natürlich reiner Zufall. Dem wir aber womöglich eine Bedeutung zuschreiben, weil unser Schwarm gerade eine Safari macht. Wünschen wir einer Person etwas Schlechtes, und sie bricht sich ein Bein, haben wir die Kontrollillusion, auslösender Faktor gewesen zu sein.

Im Voodoo-Kult sind den verschiedenen Voodoo-Geisterwesen, den Loa, graphische Zeichen – Veves – zugeordnet.

Die Veves werden in den Staub gekratzt oder aufgezeichnet. Die Darstellung ist Voodoo-Eingeweihten vorbehalten, und je genauer das Veve dargestellt wird, desto wirkungsvoller ist das Voodoo-Ritual.

Irrglaube

Der Charakter eines Menschen lässt sich umso besser beurteilen, je mehr du über sein Leben weißt.

Wahrheit

Du neigst zu voreiligen Schlüssen, besonders wenn du in einem Menschen ein Stereotyp erkennst.

Repräsentativitäts-heuristik

> → Julia ist 30 Jahre alt und alleinstehend.
> → Sie gilt als intelligent und aufgeschlossen.
> → Sie hat VWL und Soziologie studiert.
> → Während ihres Studiums befasste sie sich mit Rassismus und gesellschaftlichen Brennpunkten.
> → Sie war politisch aktiv.

DAS JULIA-PROBLEM

Die meisten Befragten wählen die Variante 2, obwohl die 1 statistisch wahrscheinlicher ist.

Es gibt mehr Wirtschaftsjournalistinnen als Frauen, die für ein Wirtschaftsressort arbeiten und zugleich frauenrechtlich aktiv sind.

Je mehr Informationen zu unseren vorgefassten Vorstellungen passen, desto wahrscheinlicher erscheinen sie uns. Die Heuristik, eine analytische Denkstrategie, wird hier zweifach bedient.

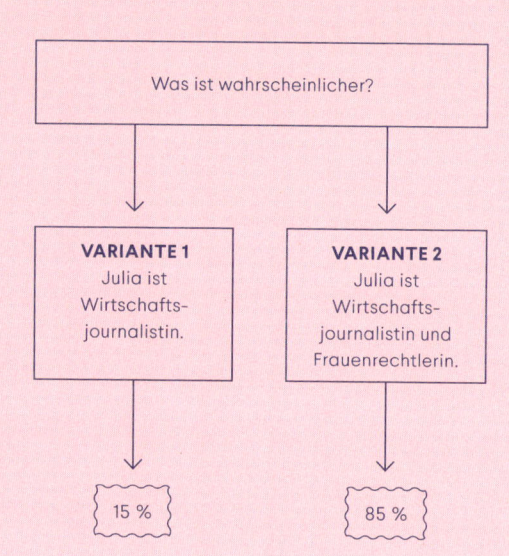

Was ist wahrscheinlicher?

VARIANTE 1
Julia ist Wirtschaftsjournalistin.

15 %

VARIANTE 2
Julia ist Wirtschaftsjournalistin und Frauenrechtlerin.

85 %

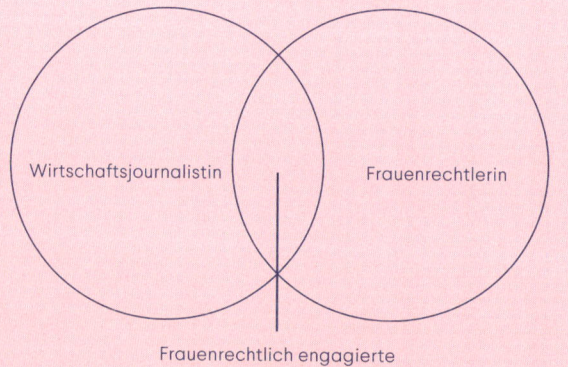

Wirtschaftsjournalistin

Frauenrechtlerin

Frauenrechtlich engagierte Wirtschaftsjournalistin

KOGNITIVE KURZERFASSUNG DER REALITÄT

Kategorien, Muster, Filter und Verallgemeinerungen helfen uns seit Urzeiten, neue Eindrücke schneller einzuordnen und Entscheidungen zu fällen. Dabei geht es nicht immer differenziert zu, sondern möglichst schnell und effektiv. So haben wir für Dinge und Menschen Archetypen, Kategorien und Vorurteile entwickelt. Die *Repräsentativitätsheuristik* lässt sich nicht von Wahrscheinlichkeiten leiten, sondern von der Intuition: Es gibt zwar, statistisch gesehen, mehr Frauen, die »einfach nur« Wirtschaftsjournalistinnen sind, als solche, die zugleich Frauenrechtlerin sind. Aber der Aspekt, dass Julia sich mit Rassismus auseinandersetzte, lässt aufgrund von Stereotypen die kombinierte Annahme wahrscheinlicher wirken als die einfache.

Zielscheiben-fehler → 165

Irrglaube

Du kennst die Ursachen für deine Emotionen, und dir ist bewusst, warum du bestimmte Dinge magst und andere nicht.

Wahrheit

Die Gründe für manche Gefühle erschließen sich dir nicht, und eine Erklärung dafür kannst du nur erfinden.

Introspektion

GEFÄLLT MIR

Warum gefallen uns bestimmte Blumen, Farben, Romane? Warum empfinden wir für etwas in einer bestimmten Weise? Stellt man Menschen diese Fragen, so kann jeder, vielleicht nach kurzem Nachdenken, eine Antwort geben. Diese Antworten sind aber ein künstliches Konstrukt. Denn der Ursprung unserer Gefühle ist unterbewusst, und wir haben keinen Zugang zu ihnen. Die *Introspektion*, der Blick ins Innere, bringt zwar etwas hervor, aber meist wird das Ergebnis als unbefriedigend empfunden, als habe man versucht, schwer fassbare Emotionen in kühler Nüchternheit zu erfassen und diese Emotionen dabei angepasst und verzerrt. Denn der Logiksektor des Gehirns analysiert Pro und Contra und erstellt eine stimmige Geschichte. Das Emotionale, das uns nicht bewusst zugänglich ist, wehrt sich jedoch gewissermaßen dagegen, sich durchschauen und in Grenzen fassen zu lassen. So differenziert Sprache und Sinnbilder auch sein mögen – dem Bewusstsein nicht zugänglichen Vorgänge des individuellen Erlebens vermögen sie nicht abzubilden.

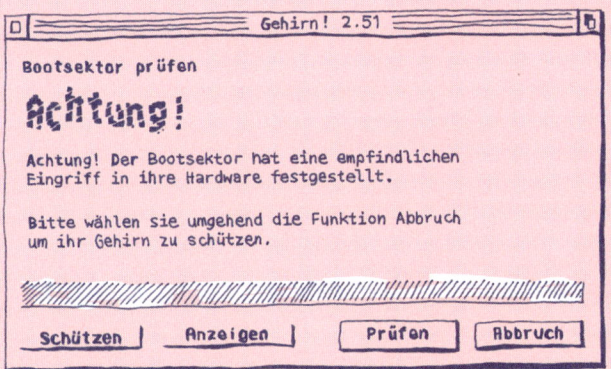

Gehirn! 2.51

Bootsektor prüfen

Achtung!

Achtung! Der Bootsektor hat eine empfindlichen Eingriff in ihre Hardware festgestellt.

Bitte wählen sie umgehend die Funktion Abbruch um ihr Gehirn zu schützen.

| Schützen | Anzeigen | Prüfen | Abbruch |

GEHIRN 2.0

Das Herzstück eines Computers ist der Bootsektor. Verändert man diesen Kernloader, kann das ganze System zusammenbrechen. Man kann sich das Gehirn als einen Hochleistungscomputer vorstellen: Unser Verstand ist die Hardware. Zur mitgelieferten Software gehören das Unbewusstsein und die automatischen Schaltkreise, die mit jeder Wahrnehmung adaptiert, umgeschrieben und erweitert werden. Wissenschaftler halten es für denkbar, dass der Mensch deshalb zu einer Introspektion nicht in der Lage ist, weil das Gehirn eine Sicherheitsschranke enthält, die den Zugriff auf das Unterbewusste verwehrt und damit die Möglichkeit, essenzielle Kernfunktionen wie etwa die Atmung zu manipulieren, ausschließt.

Du kannst dir einen Zierteller aussuchen und behalten.

Du _musst_ deine Wahl begründen.

WIE SCHÖN!

Du bist auch jetzt noch mit deiner Wahl zufrieden.

WIE SCHADE!

Du kannst den Zierteller nicht ausstehen und bereust deine Wahl.

REINE ERFINDUNG

Introspektion kann sich kontraproduktiv auswirken. Gefühle und Ratio sollen, wenn die Motivation für eine Entscheidung erfragt wird, einen Transfer leisten und einen Einklang finden, der scheinbar machbar und doch kaum möglich ist. Das erzeugt Unzufriedenheit. Man würde es gern beim Bauchgefühl belassen, formuliert dann aber mit der Begründung doch etwas, das als Unsinn empfunden wird, die positive Empfindung stört und womöglich die Einstellung ändert.

WHAT IS IT LIKE?

Wie fühlt es sich an, eine Fledermaus zu sein? Wie beschreibt man jemandem etwas, wenn das Gegenüber es noch nie gefühlt hat? Das Rätsel der *Qualia* (lat. qualis »wie beschaffen«) untersucht die Grenzen des Erklärbaren. Schon im 18. Jahrhundert stellte der Philosoph David Hume die Frage, wie man einer Person den Geschmack einer Ananas erklärt. Und kam zu dem Schluss, dass es nicht möglich ist, ohne sie gekostet zu haben.

THOMAS NAGEL

Der US-amerikanische Philosoph und Professor Thomas Nagel hat durch seinen Aufsatz »What is it like to be a bat?« große Bekanntheit erreicht. Er beschäftigt sich mit den Schranken, innerhalb derer sich unsere Erkenntnis bewegt. Wie viel Forscher auch über das Leben, das Verhalten und den Körper der Fledermaus herausfinden mögen, man wird doch niemals wissen, wie es sich wirklich anfühlt, eine Fledermaus zu sein. Die Wahrnehmung ist uns nicht vergönnt und für immer der Fledermaus vorbehalten.

FEHLINFORMATION

Die Erinnerungen eines Menschen sind nicht als unverrückbare Fakten abgelegt. Sie sind vielmehr eine Konstruktion, die sowohl durch neue Informationen als auch durch nachträglich geschlossene Lücken verändert werden. Eine Erinnerung kann sich wandeln, wenn wir im Nachhinein zum Beispiel erfahren, dass der Mensch, mit dem wir zu tun hatten, uns unsympathisch findet.

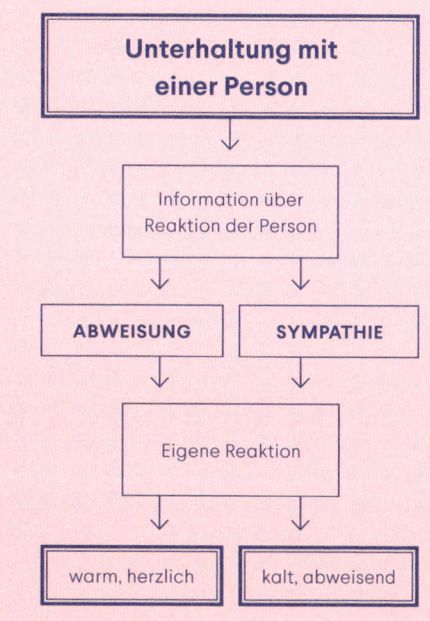

KONSISTENZEFFEKT

Menschen haben grundsätzlich die Absicht, keinen Widerspruch aufkommen zu lassen. Die aktuelle Persönlichkeit manipuliert unbewusst ihre Erinnerungen, sodass ein stimmiges, konsistentes Gesamtbild entsteht. Dem Selbstbild wird das Handeln angepasst. Das Ich eines Menschen ist keine feste Größe, sondern wandelt sich, während der Mensch jedoch geneigt ist anzunehmen, »schon immer« eine bestimmte Meinung oder Einstellung vertreten zu haben. Zwar versuchen wir, unsere Entwicklung zu reflektieren, doch vieles hat sich unbewusst abgespielt, und wir tendieren zu der Annahme, schon immer so gefühlt zu haben wie jetzt, wir empfinden eine Konsistenz. Der *Konsistenzeffekt* kann sich positiv auswirken, wenn man etwa angeregt wird, das Selbstbild eines hilfsbereiten Menschen zu entwickeln.

FEHLINFORMATIONSEFFEKT

Schemata, Erfahrungen und bekannte Raster bewirken, dass Menschen mitunter die Geschichten und Erlebnisse eines anderen Menschen für ihre eigenen halten. Es kommt vor, dass also jemand von einer lustigen Begebenheit berichtet, die ihm passiert sei, dabei war es das Erlebnis eines Freundes, und der Erzähler war gar nicht dabei. Er hat also die Erinnerungen eines anderen Menschen übernommen und tatsächlich für seine eigenen gehalten. Dieser *Fehlinformationseffekt* ist möglich, weil Erinnerungen konstruiert werden: nach Bedarf, immer wieder neu, wobei Lücken aufgefüllt und Unstimmigkeiten überbügelt werden, sodass eine glatte Geschichte entsteht. Beim beständigen (unbewussten) Ändern und Bearbeiten der Erinnerungen kann also auch Fremdmaterial einfließen.

Wenn du erst fragen musst, wirst du es nie verstehen.

Louis Armstrong auf die Frage, was »Jazz« sei

Irrglaube

**Du nimmst alles,
was um dich herum geschieht,
wie eine Kamera auf.**

Wahrheit

**Du nimmst nur einen
Bruchteil von dem wahr,
was du siehst.**

Aufmerksamkeit

WENIGER IST MEHR

GORILLAS IN UNSERER MITTE

In dem Video zu einer Aufmerksamkeits-Studie aus den Neunzigern ist eine Gruppe von Menschen zu sehen, die sich Basketbälle zuwerfen. Die Probanden sollen die Pässe zählen. Die meisten kommen auf die korrekte Anzahl, aber nur gut die Hälfte bemerkte die Person im Gorillakostüm, die zwischen den spielenden Menschen hindurchlief. Das ist möglich, da unsere Aufmerksamkeit wie ein Scheinwerfer auf die Ballwechsel gerichtet ist. Der Gorilla wird schlicht übersehen.

DIE MILCH IST ALLE.
KEINE MEHR IM KÜHLSCHRANK?
NEIN, KEINE MILCH DA.

ICH STEHE DAVOR UND SEHE ES NICHT

Die *Unaufmerksamkeitsblindheit* bezeichnet das Phänomen, dass unsere Aufmerksamkeit auf einen kleinen Ausschnitt unserer Umgebung beschränkt ist. So kann es passieren, dass wir Dinge oder Geschehnisse übersehen, obwohl sie direkt vor unseren Augen stattfinden. Der Scheinwerfer- oder auch Tunnelblick ist nicht etwa eine Ausnahme, sondern der Normalzustand unserer Wahrnehmung. Ähnlich verhält es sich mit der *Veränderungsblindheit*: Eine Veränderung im Sichtfeld wird nicht bemerkt. Die Aufmerksamkeit ist auf einen bestimmten bzw. anderen Aspekt gerichtet, und das Kurzzeitgedächtnis hat nicht die vollständige Umgebung aufgenommen, sodass zum Beispiel einem Probanden nicht auffällt, dass der Berg im Hintergrund mehrerer Urlaubsfotos, die aus derselben Perspektive aufgenommen wurden, aber verschiedene Personen zeigen, jedes Mal signifikant anders aussieht.

MULTITASK

MONOTASK

MONOTASKING

Dem Produktdesigner Paolo Cardini geht
es um die Befreiung vom Multitasking-
Druck. Wo bleibt zwischen all den Nach-
richten, Infoquellen, sozialen Netzwerken
und unzähligen Apps die Entspannung, die
Konzentration? Cardini gestaltete iPhone-
Hüllen, die genau dieses Monotasking
auf dem iPhone möglich machen. Verschiedene Hüllen verdecken jeweils über-
flüssige Elemente. Wenn wir Musik hören,
brauchen wir nicht mehr als Start-, Stopp-,
Vor- und Zurückknopf sowie einen Laut-
stärkeregler. Wenn wir telefonieren,
braucht es nicht mehr als ein Tastenfeld
und die Möglichkeit aufzulegen. Cardini
plädiert also für ein Downgrade, damit
wir uns wieder auf das Wesentliche
besinnen.

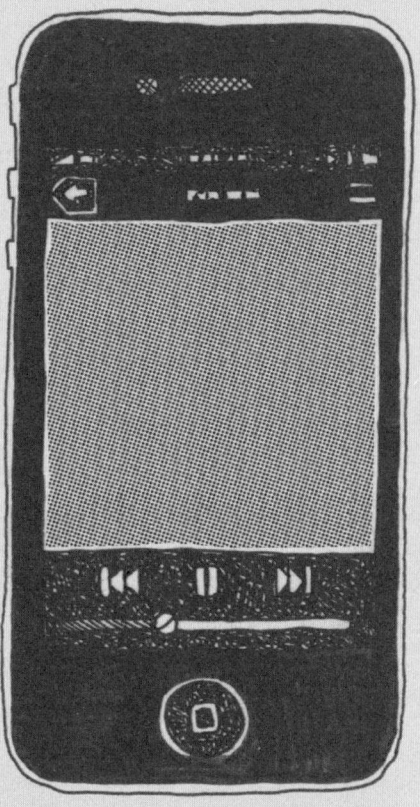

Irrglaube

**Du bewertest alle Aspekte
nüchtern und vernünftig,
ehe du eine Entscheidung fällst.**

Wahrheit

**Von deinem ersten Eindruck sind
all deine folgenden
Entscheidungen geprägt.**

Affektheuristik

DER ERSTE EINDRUCK

Der erste Eindruck beeinflusst uns weit stärker, als wir annehmen. Es ist eine Illusion anzunehmen, dass unsere Entscheidungen auf gründlichem Abwägen beruhen. Wir entscheiden oft spontan, bewerten neue Situationen und Informationen schnell und entscheiden dadurch auch schnell, ob etwas für uns grob in die Kategorie Gut oder Schlecht gehört. Damit können wir allerdings auch falschliegen, wenn wir etwa Quantität und Qualität einer Sachlage »verwechseln«. Das nennt man *Affektheuristik*. Wir lassen uns nicht die Zeit für eine systematischere und vernunftgesteuerte Bewertung und Sichtung, sondern folgen einem mitunter unzuverlässigen Bauchgefühl. Dieses sowie instinktives, rasches Reagieren mögen uns in Gefahrensituationen retten, aber komplexe Probleme werden so nicht verlässlich gelöst.

Priming → 17

DEN ANKER WERFEN

Der erste Eindruck prägt unsere Entscheidungen. Mitunter ist er der einzige Faktor, auf den wir eine Entscheidung gründen können. Aber im Lauf unseres Lebens sammeln wir Erfahrungen, die uns Orientierung liefern und wie geworfene Anker fungieren. So können wir beispielsweise den Preis für ein Schmuckstück oder die Größe einer Menschengruppe abschätzen. Die *Ankerheuristik* hilft uns mit Vereinfachungen, Zusammenhängen, setzt vorab Maßstäbe und stellt die Weichen für künftige Entscheidungen.

MARKENSYNONYME

Unsere künftigen Entscheidungen sind stark mitbestimmt vom ersten Eindruck. Wegen positiver Assoziationen und großer Präsenz werden manche Marken zu Markensynonymen. Ein Lippenpflegestift wird zum *Labello*, ein Permanentmarker wird zum *Edding*.

Affektheuristik

RISIKO VS. BELOHNUNG

Die Affektheuristik hilft uns bei Entscheidungen, bei denen wir oft schlicht nach dem gehen, was wir mögen oder ablehnen, worauf wir Lust haben oder nicht, zum Beispiel was wir uns am Abend zum Essen machen. Indem wir uns – womöglich wiederholt – für fettige Hamburger und Pommes entscheiden, gefährden wir unsere Gesundheit, aber langfristigere, abstraktere Gefahren erreichen unsere Gefühle schwerer. Bei einem nächtlichen Gang von der U-Bahn nach Hause hingegen erreicht die mögliche akute Gefährdung deutlicher unsere Emotionen, und viele haben Pfefferspray dabei.

Analytisches System

> langsam, hoher Aufwand
> intentional
> reflektierbar
> logisch, analytisch

Automatische Schaltkreise

> schnell, ohne Aufwand
> automatisch
> nicht reflektierbar
> metaphorisch, holistisch

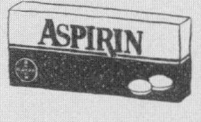

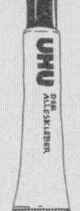

Aspirin	→	Kopfschmerztablette
Edding	→	Permanentmarker
Labello	→	Lippenpflegestift
Nutella	→	Nuss-Nugat-Creme
Uhu	→	Alleskleber
Tempo	→	Papiertaschentuch
Tesa	→	Transparentes Klebeband

Irrglaube

**In deinem Gehirn ist alles Wissen
über alle Menschen, die du
je gekannt hast, gespeichert.**

Wahrheit

**Du kannst allenfalls das Wissen
über 150 Menschen zur
gleichen Zeit präsent haben.**

Dunbar-Zahl

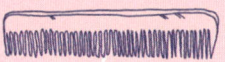

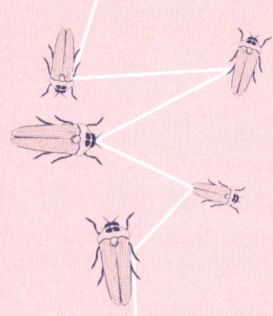

fakebook

 John Wayne
Profil bearbeiten

FAVORITEN

	Neuigkeiten	68
	Nachrichten	
	Veranstaltungen	
	Fotos	
	Freunde finden	

FREUNDE

	Echte Freunde	5
	Familie	2
	Nie gesehen	24
	Einfach da	461
	Kann ich nicht leiden	57

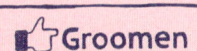

GROOMING

»Grooming« heißt Pflege. Und mit der Fell- und Körperpflege tun Tiere mit entwickeltem sozialen Gruppenzusammenhalt, etwa Primaten, Pferde oder manche Vogelarten, auch ihren Beziehungen untereinander etwas Gutes. Wenn Menschen aufeinandertreffen, suchen sie sich nicht die Läuse aus dem Haupthaar, sondern sie plaudern und tauschen sich aus und halten den Kontakt zueinander aufrecht. In Zeiten von Mobilfunk, Facebook und anderen sozialen Netzwerken stellen selbst große geografische Distanzen kein Hindernis mehr dar. Der Mensch kann jederzeit und über Entfernungen hinweg Grooming betreiben. Unter den Hunderten von Kontakten, Followern und Freunden sind in der Regel aber nur eine Handvoll echte Freunde.

DU HAST EINE FREUNDSCHAFTSANFRAGE

Der britische Anthropologe und Psychologe Robin Dunbar sieht einen Zusammenhang zwischen dem Gehirnaufbau, insbesondere dem Großhirnrindenteil Neocortex, von Säugetieren (inklusive Menschen) und der Gruppengröße, in der ein Individuum tragfähige und inhaltsreiche Beziehungen zu anderen haben kann. Die sogenannte *Dunbar-Zahl* liegt für Menschen bei im Schnitt rund 150 Personen, die ein Einzelner mit Namen und wesentlichen Beziehungen zu anderen kennt. Verglichen wird dieses System mit einem vollen Glas Wasser, das mit jedem weiteren Tropfen, der eingefüllt wird, einen Tropfen durch Überlaufen verliert. Unsere Gehirn-Datenbank funktioniert also – ab einem bestimmten Auslastungszustand – wie ein Nullsummensystem. Die Begrenzung ist nicht durch Kapazitätsprobleme begründet, sondern durch den Aufwand an Zeit und Kraft, der betrieben werden muss, wenn man die Beziehungen pflegen und erhalten möchte. Wissenschaftler diskutieren, wie die virtuellen sozialen Netzwerke hier einzuordnen sind; 1000 Facebook-»Freunde« setzen die *Dunbar-Zahl* jedenfalls nicht außer Kraft.

Soziale Instinkte
→ 191

EXHIBITIONISMUS 2.0

Die britische Neurowissenschaftlerin und Schriftstellerin *Susan Greenfield* untersucht unter anderem den Einfluss der sozialen Netzwerke wie Facebook auf das Gehirn des Menschen. Facebook animiert Freunde und Bekannte dazu, sich gegenseitig unter Dauerbeobachtung zu halten und nicht nur die anderen zu überwachen, sondern selbst ständig digitales Material bereitzustellen, durch das andere an unseren Erlebnissen teilhaben können. Das Gehirn könnte die Fähigkeit zur ausdauernden Aufmerksamkeit, zur Empathie, zur profunden Ergründung eines Charakters verlernen, die Privatsphäre und Individualität leiden, und wir werden zu einer öffentlichen, womöglich oberflächlichen Persönlichkeit, die auf Posts reagiert und mit der Masse schwimmt, anstatt zu agieren, Fantasie zu entwickeln und Dinge zu reflektieren. Die digitale Identität kann schließlich die einzige Identität sein, die ein Mensch für andere darstellt.

Dunbar-Zahl

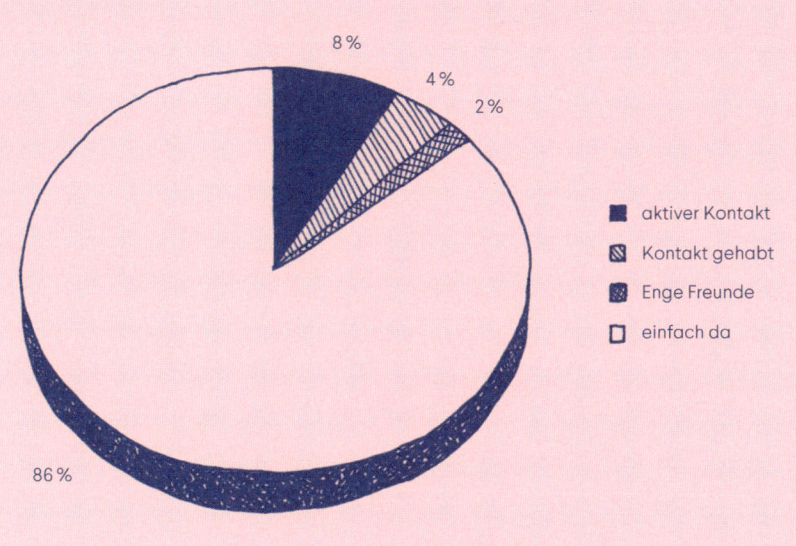

8 %

4 %

2 %

■ aktiver Kontakt

◨ Kontakt gehabt

▨ Enge Freunde

□ einfach da

86 %

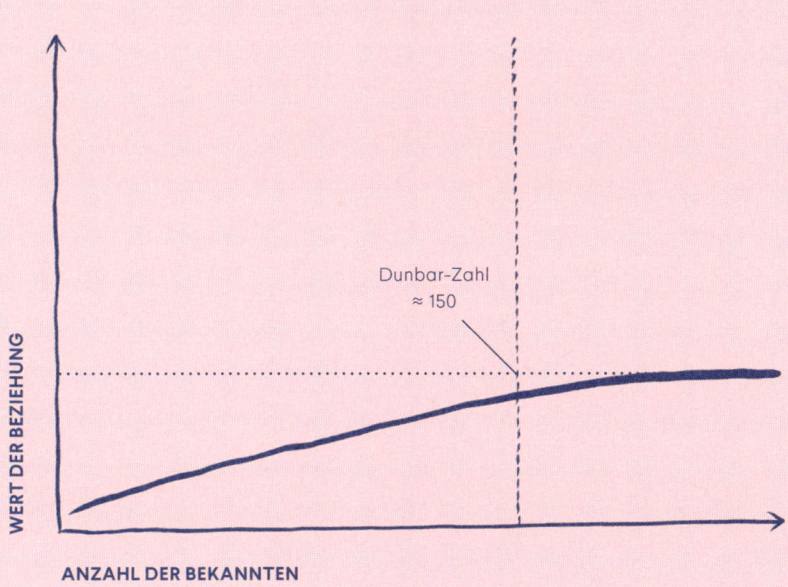

Dunbar-Zahl
≈ 150

WERT DER BEZIEHUNG

ANZAHL DER BEKANNTEN

Irrglaube

**Wenn einem Menschen
etwas passiert,
helfen andere sofort.**

Wahrheit

**Menschen neigen dazu
zuzuschauen, anstatt zu helfen,
besonders wenn
viele andere zugegen sind.**

Zuschauereffekt

DABEISTEHER

Leider ist es naïv anzunehmen, Fremde in unserer Nähe kämen uns zu Hilfe, wenn wir uns an einem belebten Ort verletzen. Die Chancen auf Hilfe stehen besser, je weniger Augenzeugen es gibt. Das ist der *Zuschauereffekt*: Jeder Einzelne neigt zu der Haltung, er könne zwar etwas unternehmen, aber da seien ja genug andere Leute, die sich der Sache annehmen werden. Insbesondere aus belebten Großstädten gibt es etliche Geschichten von Menschen, die sich offenbar in einer Notlage befanden, an denen aber viele Menschen vorübergingen, ohne etwas zu unternehmen. Wie kann das sein? Der Mensch möchte, wenn andere scheinbar ruhig bleiben, nicht als hysterisch gelten. Dazu kommt, dass eine nicht eindeutig einzuschätzende, verunsichernde Situation oftmals bewertet wird, indem Menschen das Verhalten der anderen beobachten. Wenn die nicht aufgeregt agieren, will man selbst nicht Gefahr laufen, die Situation womöglich falsch eingeschätzt zu haben. Man nennt das *pluralistische Ignoranz*. Wer allein ist, übernimmt eher die ganze Verantwortung. Ist man sich des Phänomens bewusst, sollte man sich als Erster zur Hilfeleistung entscheiden, andere werden folgen.

Normalitätsbias
→ 61

HILFE

Bei einem Autounfall auf einer spärlich befahrenen Landstraße ist die Chance, Hilfe zu erhalten, größer als auf einer stark frequentierten Straße in der Stadt, da der Impuls, Hilfe zu leisten, bei wenigen Augenzeugen eher ausgelöst wird als in der anonymen Menge.

Irrglaube

**Du weißt, dass Zufälle oft
den Anschein erwecken,
als hätten wir es mit einer Abfolge
von Ursache und Wirkung zu tun.**

Wahrheit

**Wenn du ein Ergebnis sinnvoll
und sogar wünschenswert findest,
ignorierst du die Möglichkeit,
dass es sich um einen Zufall
handeln könnte.**

Zielscheibenfehler

DAS MUSS VORSEHUNG SEIN!

Zufälle erkennen wir in aller Regel nicht als solche an. Sondern wir neigen dazu, alles, was wir sehen, in Raster und Schemen zu bringen und einen Sinn dahinter zu vermuten. Dabei sind es doch schlicht Durcheinander, Zufallsabfolgen und Chaos, die die Welt, unser Leben und das Weltall bestimmen. Wenn wir zufälligen Geschehnissen im Nachhinein eine künstliche Ordnung überstülpen, nennt man das *Zielscheibenfehler*: Nicht die Zielscheibe war zuerst da (und wurde gezielt getroffen), sondern erst kam das Loch und dann die Zielscheibe, die das simple Loch zum Treffer deklariert. Wenn zwei Menschen sich wegen einiger Gemeinsamkeiten für füreinander bestimmt halten, blenden sie all die Aspekte, Eigenschaften, Vorlieben aus, die sich keineswegs gleichen. Der bekannteste *Zielscheibenfehler* ist das *Lincoln-Kennedy-Rätsel*. Es gibt eine erstaunliche Reihe von Gemeinsamkeiten der beiden ehemaligen Präsidenten, die viele Menschen auch heute noch nicht als Zufälle akzeptieren möchten. Dabei werden all die zahlreichen Unterschiede ignoriert, und aus einer chaotischen Menge von Informationen wird eine neue Geschichte konstruiert. Und dennoch: Das Gesicht der heiligen Mutter Gottes, das beim Toasten auf der Weißbrotscheibe entstanden ist – es ist purer Zufall!

Kontrollillusion
→ 131

Apophänie
→ 173

JOHN F. KENNEDY

ABRAHAM LINCOLN

JOHN F. KENNEDY		ABRAHAM LINCOLN
Präsident der USA	Gleicher Titel	Präsident der USA
K E N N E D Y	7 Buchstaben, 2 Vokale, 5 Konsonanten, 2 »n«	L I N C O L N
Amtsantritt 1961	Abstand: 100 Jahren	*Amtsantritt* 1861
Tod durch Attentat	Todesursache	Tod durch Attentat
»Lee Harvey Oswald«	Attentäter: 3 Namen, 15 Buchstaben	»John Wilkes Booth«
Tag des Todes Freitag	Attentat	*Tag des Todes* Freitag
Tod neben Ehefrau	Öffentlichkeit	Tod neben Ehefrau
Tatort Ford »Lincoln«	Ford	*Tatort* Ford-Theater
Lyndon B. Johnson *1908	Nachfolger	Andrew Johnson *1808
Sekretärin Evelyn Lincoln		

Ford Lincoln

Irrglaube

**Es ist dir bewusst, wenn du
etwas Neues erfährst.**

Wahrheît

**Du behauptest meist,
von neuen Informationen schon
gewusst zu haben.**

Rückschaufehler

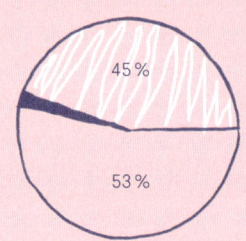

»Freunde stellen
gemeinsame Erlebnisse oft
spektakulärer vor als erlebt.«

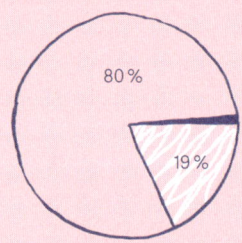

»Hin und wieder schmücke ich
Geschichten aus um
sie interessanter zu machen.«

☐ **JA**, stimmt.
☐ **NEIN**, stimmt nicht.
■ Keine Ahnung.

ALLES ERSCHEINT BANAL, WENN ES EINMAL ERKLÄRT IST.

Dr. Watson zu Sherlock Holmes

Beispiele

› Ich wusste, dass du
  gewinnen würdest.
› Genau damit habe ich
  von Anfang an gerechnet.
› Ich habe genau das
  kommen sehen.
› Das ist doch klar.
› Ich dachte mir schon,
  dass er absagt.
› Ist ja logisch, das musste
  geschehen.
› Ich wusste, dass du anrufst.

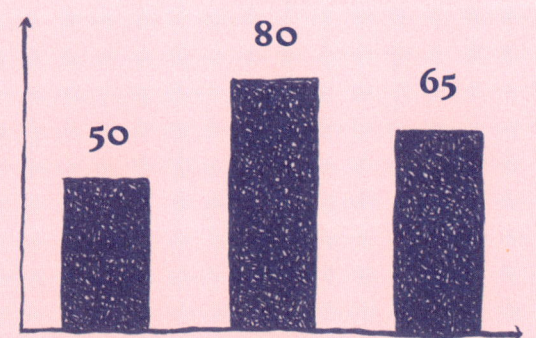

WUSSTE ICH ...

Natürlich können wir unterscheiden zwischen dem, was wir bereits wussten, und dem, was neu für uns ist an Informationen, Erkenntnissen und Erfahrungen. *Oder etwa nicht?* Wenn es uns jedoch gelegen kommt, wenn wir dadurch klüger und umsichtiger dastehen, wenn es die Vergangenheit in unserem Rückblick, geradliniger und stimmiger ablaufen lässt, dann neigen wir zum *Rückschaufehler:* Wir gehen schlagartig davon aus, etwas gewusst zu haben. Rasch ersetzen wir irrige durch korrekte Annahmen, biegen und korrigieren die Vergangenheit, sodass sie geradlinig auf das hinführt, was jetzt Tatsache ist.

Wer richtigliegt, hat schon zu Urzeiten bessere Überlebenschancen gehabt, ist weniger verwirrt und findet sich im Leben besser zurecht. Wir glauben, nie im Unrecht gewesen zu sein, und es ist uns nicht einmal bewusst, dass wir uns selbst etwas vormachen. Der *Rückschaufehler* geht häufig einher mit einem überhöhten Selbstvertrauen und einem Mangel an Gründlichkeit bei der Analyse von möglichen Zusammenhängen.

Irrglaube

**Mit manchen Zufällen
muss es einfach eine besondere
Bewandtnis haben.**

Wahrheit

**Die besondere Bewandtnis,
die es mit einem Zufall auf
sich zu haben scheint, gibt es
nur in deiner Fantasie.**

Apophänie

WENIGER IST MEHR

DAS LETZTE PUZZLETEIL

Manche Zufälle erscheinen einem Menschen derart bedeutungsvoll, dass sie doch gar kein Zufall sein können! Aber das können sie sehr wohl. Was hier zu verzeichnen ist, ist ein Phänomen, das *Apophänie* heißt: Im Zufall – also in Chaos und Durcheinander – werden vermeintliche Muster und Aussagen gesehen. Der Mensch neigt dazu, stets einen Sinn finden zu wollen, ein Muster in der Unordnung. Dieses Bedürfnis bedienen Filme und Thriller mit komplizierter Auflösung. Im wahren Leben indessen sind es immer wieder pure Zufälle, die der Mensch begeistert als letztes noch fehlendes Puzzleteil ansieht. Ein Datum, eine Uhrzeit, eine Abfolge von Zahlen gibt dem Chaos eine Bedeutung, die gar nicht existent ist, sondern nur entstehen konnte, weil der wahrnehmende Mensch das chaotische Gesamtrauschen ausblendet und ein einzelnes Signal herausgreift. Der Mensch macht ständig solche sogenannten Bestätigungsfehler.

Kunst der
Deduktion
→ 115

Versuche dich an einem schwierigen Problem. Du wirst es vielleicht nicht lösen, aber etwas anderes beweisen.

John E. Littlewood

Am Tag sind wir etwa 12 Stunden aktiv. Jede Sekunde passiert ein Ereignis.

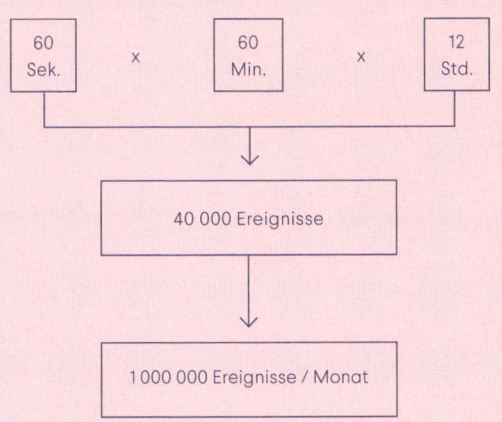

| 60 Sek. | x | 60 Min. | x | 12 Std. |

↓

40 000 Ereignisse

↓

1 000 000 Ereignisse / Monat

MATHEMATIK DES ZUFALLS

Der Cambridger Mathematiker John Endensor Littlewood stellte die These auf, dass ein Wunder ein Geschehnis ist, das mit einer Wahrscheinlichkeit von etwa 1 : 1 000 000 auftritt.

Nach »Littlewoods Gesetz der Wunder« erlebt jeder Mensch pro Monat ein Wunder. Bei circa 7 Milliarden Menschen dürften wundersame Geschehnisse also gar nicht so selten sein. Wie singt es sich so schön: »Wunder gibt es immer wieder.«

Rechnung

Die meisten Geschehnisse sind unerheblich. Doch immer wieder sticht eines heraus.

Wann hast du das letzte Mal ein Wunder erlebt?

JOHN E. LITTLEWOOD →

John Littlewood lebte von 1885 bis 1977. Bekannt wurde er unter anderem durch die Zusammenarbeit mit Godfrey Harold Hardy, mit dem er auf dem Gebiet der Analysis forschte. Der dänische Mathematiker Harald Bohr witzelte anerkennend, ihm seien drei bedeutende zeitgenössische englische Mathematiker bekannt: Hardy, Littlewood und Hardy-Littlewood.

HOLY TOAST

Diane Duyser, eine ältere Dame aus Florida, bereitete sich ihr tägliches gegrilltes Käsesandwich zu. Nach dem ersten Bissen konnte sie aber nicht weiteressen, denn der Prozess des Röstens hatte das Toast in ein Heiligtum verwandelt: Deutlich erkannte Duyser das Bild der Jungfrau Maria auf der Brotscheibe. Sie verpackte es luftdicht und versteigerte das sakrosankte Sandwich für 28 000 US-Dollar. Das Toast avancierte auf Welttournee zum Kultobjekt. Inzwischen gibt es sogar einen Toast-Stempel, der die Zufallsröstung ganz unzufällig auf jede Brotscheibe bringen kann.

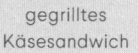

gegrilltes
Käsesandwich

Monster von
Loch Ness

~~EISHORN~~
EINHORN

Das Einhorn ähnelt einem Pferd oder Reh und steht als Fabeltier für das Sanfte, Gute und Reine. Auf seiner Stirn trägt es ein großes, gedrehtes Horn, mit dem das Wesen tapfer kämpfen und heilen können soll. Um das 15. Jahrhundert herum erklärten findige Reisende die Stoßzähne des Narwales als kostbares Horn des Fabeltiers, wie auch glatt geschmirgelte Hörner des Steinbocks als Klauen des Vogels Greif ausgegeben wurden.

AUF DER SUCHE NACH BESTÄTIGUNG

Wenn der Mensch unbewusst den Wunsch nach Bestätigung entwickelt hat, entwickelt er eine erhöhte Bereitschaft, an Seltsamkeiten zu glauben. Der wohlige Schauer und der Reiz ungelöster Rätsel lassen uns staunen und verstärken unsere Bereitschaft, an Magie und Übernatürliches zu glauben. Viele Phänomene, die von unseren Vorfahren noch für Geister, Erscheinungen oder andere Mysterien gehalten wurden, sind durch wissenschaftliche Ent- und Aufdeckungen erklärt (und entzaubert) worden (so wurden etwa die tagsüber in Baumhöhlen verborgenen und nachts lautlos durch das Gehölz gleitenden Eulen für Waldgeister gehalten). Der Glaube an Kryptisches wird stark begünstigt durch fehlendes Engagement, die Dinge wirklich ergründen zu wollen. Der Mensch hält am schönen Mysterium fest, Kontrollillusion → 131 fühlt sich durch unscharfe und unzuverlässige Fotos darin bestätigt, dass es das Monster von Loch Ness gibt, und ignoriert ernsthafte Vermessungen und Untersuchungen, die eine Existenz des Seeungeheuers für nahezu unmöglich erklären. Wir bilden uns unsere Meinungen nämlich nicht aufgrund objektiver Analysen, sondern wir filtern unbewusst die Informationen aus Medienberichten und Wahrnehmung heraus, die unsere Annahmen bestätigen. Das ist der *Bestätigungsfehler*. Gegenbeweise, die mitunter sogar reichlich vorhanden wären, werden schlicht ausgeblendet.

Kaufe ich neonrote Sneaker, so begegnet mir diese Farbe nun täglich. Warum tragen nur plötzlich alle Neonrot?

Weil wir dem Bestätigungsfehler erliegen.

LIEBE IST ALGEBRA

Irrglaube

**Liebe auf den ersten Blick
gibt es nicht.**

Wahrheit

**Die ersten Minuten entscheiden
oft über die Zukunft der
Bindung zu einem Menschen.**

34

Rosarote Brille

DIE DREI HEISSEN PHASEN DER LIEBE

Neuronaler Juckreiz
Der Sexualtrieb entfacht das Feuer einer neuen Liebe.

↓

Romantische Liebe
Die Dopamin-Aktivität läuft auf Hochtouren.

↓

Bindung aneinander
Die Aufregung wird zu Wohlgefühl und Ruhe.

DOPAMIN

Der Neurotransmitter Dopamin ist das Glückshormon unseres Körpers, das Begehren, Wollen, Motivation und Freude auslöst. Dopamin steuert unser Belohnungssystem und kann sowohl beim Glücksspiel als auch in der Liebe rauschhafte Gefühlszustände auslösen. So können wir regelrecht süchtig werden nach dem Gefühl der Verliebtheit.

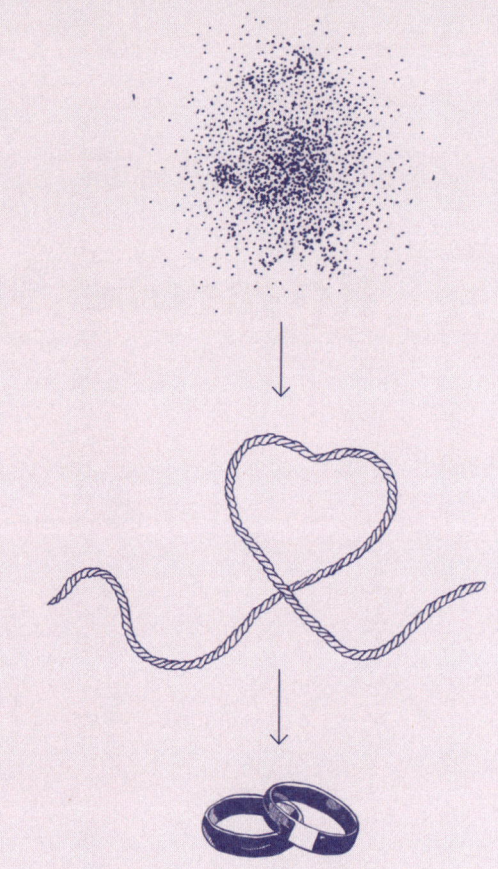

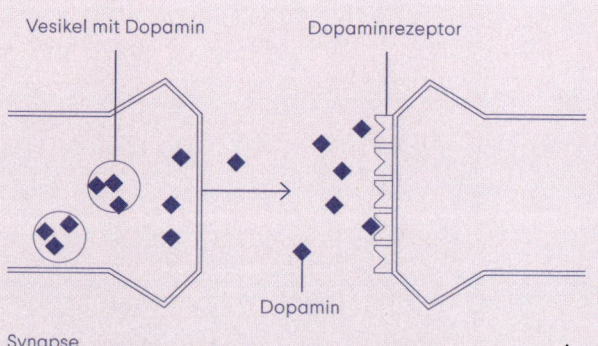

Vesikel mit Dopamin

Dopaminrezeptor

Dopamin

Synapse
Kontaktstelle zwischen den Nervenzellen

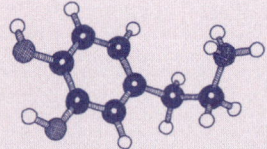

LIEBE AUF DEN ERSTEN BLICK

Worin liegt das Wesen der Liebe? Seit Menschengedenken haben Philosophen, Dichter und Musiker dies zu ergründen versucht. Die romantische Liebe scheint für den Menschen von geradezu essenzieller Bedeutung zu sein. Ist der Fokus erst einmal auf ein Herzblatt gerichtet, ist so etwas wie eine Naturgewalt entfesselt, alle Gegenargumente werden ignoriert. Die Dopamin-Ausschüttung, die Chemie des Glücks, läuft auf Hochtouren, und den Menschen packt eine Obsession, ein Trieb, der einem Kokainrausch ähneln kann.

Unsere Triebe setzen etwas Großes in Gang. Es ist der Sexualtrieb, der anspringt wie ein starker neuronaler Juckreiz und auf dem Weg zur Liebe romantisch wird, was wiederum die Bindung aneinander bewirkt. Das Neue, Unbekannte fördert – wie ein zu ergründendes Geheimnis – die Dopamin-Aktivität, was die romantische Liebe wie auf Flügeln voranträgt. Durch eine Welt, die ohne Liebe ein lebloser Ort wäre.

Irrglaube

**Gegensätze ziehen
sich an.**

Wahrheit

**Gleich und Gleich
gesellt sich gern.**

Spiegelneuronen

HELMUT ❧ HANNELORE

WER Alt-Bundeskanzler
Helmut Schmidt († 2015) &
Hannelore »Loki«,
Pädagogin († 2010)

WIE Sandkastenliebe

WANN Heirat 1942

SPIEGELNEURON Kunst, Musik,
Diskutieren, Schach, Zigaretten
in Endlosschleife

SEHNSUCHT NACH VERTRAUTEM

Es sind die *Spiegelneuronen*, hochkomplexe Gehirnzellen, die es einem Menschen ermöglichen, Empathie zu entwickeln, also mit einem Mitmenschen, der gerührt ist, Angst hat oder einen Schmerz empfindet, mitzufühlen. *Spiegelneuronen* bewirken, dass wir gähnen, wenn unser Gegenüber gähnt, und dass wir selbst bei jedem Bissen leicht den Mund öffnen, wenn wir ein Kleinkind füttern. *Spiegelneuronen* reagieren aber nicht nur auf andere Menschen, sondern auch auf Möglichkeiten, sich in Dingen oder Umständen zu spiegeln. Das mag unbewusste Selbstliebe oder die Sehnsucht nach Vertrautem sein. Tatsächlich bestätigt sich: »Gleich und Gleich gesellt sich gern.« Menschen bevorzugen Produkte, deren Name mit den gleichen Buchstaben wie der eigene Vorname beginnt, und sie bringen Personen mit dem gleichen Geburtsdatum mehr Sympathie entgegen. Überdurchschnittlich viele Partner haben den gleichen Anfangsbuchstaben im Vornamen, wie z.B. Marianne und Michael oder Heino und Hannelore. Partner spiegeln einander, indem sich ihr Atemrhythmus anpasst und sich ihre Wortwahl angleicht, denn Nachahmung ist ein unbewusster Ausdruck von Zuneigung.

CAMILLA ❦
CHARLES

WER Prince of Wales &
Dutchess of Cornwall

WIE Polospiel

WANN 1970

SPIEGELNEURON langer Atem,
Geduld

HANNELORE ❦
HEINO

WER Schlagersänger Heino
(*bürgerl.: Heinz Georg Kramm*) &
Managerin und Ehefrau Hannelore

WIE Miss-Austria-Wahl
in Kitzbühel

WANN 1972

SPIEGELNEURON blond,
blauäugig, Jugendwahn

MARIANNE ❦ MICHAEL

WER volkstümliches Musikanten-
und Moderationsduo, Ehepaar
Adolf Michael und Marianne Hartl

WIE Gesangsduo im Theater
am Platzl in München

WANN 1973

SPIEGELNEURON Lachen,
Strahlen, Heiterkeit *(bis der Arzt
kommt)*

HANNELORE ❦ HELMUT

WER Alt-Bundeskanzler Helmut
Kohl & Hannelore, Fremdsprachen-
sekretärin († 2001)

WIE Klassentreffen in
Ludwigshafen

WANN 1948

SPIEGELNEURON Helmut als
Fels in der Brandung, Vaterersatz

Irrglaube

**Bei einem Streit soll nichts
unter den Teppich gekehrt werden.**

Wahrheit

Vergessen heißt vergeben.

Soziale Instinkte

WIE DU MIR, SO ICH DIR

Seit seiner frühesten Entwicklung hat der Mensch in Gruppen gelebt und seine sozialen Instinkte, die Fähigkeit, das Verhalten seiner Mitmenschen einzuschätzen, geschult. Die Intelligenz eines Menschen lässt sich auch daran erkennen, wie gut sein Gespür für das Handeln und Denken der anderen ist. In seinem Umfeld entwickelt ein Mensch einen besonderen *Familien-* und zudem einen *Gemeinschaftsinstinkt*. Er identifiziert sich nicht nur mit Verwandten, sondern möglicherweise auch mit einer Berufsgruppe, der Bevölkerung eines bestimmten Ortes, den Anhängern einer Religion, eines Vereins oder Leidensgenossen. Ausgeprägtes Vertrauen und gegenseitiges Geben und Nehmen bilden die Basis.

Indoktrination
→ 53

Dunbar-Zahl
→ 155

Lache stets, wenn andere zu lachen
anfangen, selbst wenn du nicht
verstehst, warum. Je rascher, desto besser.

Japanische Studentin, Princeton University

Familieninstinkt

Kümmere dich um deine Sippe.

Stammesinstinkt

Identifiziere dich mit einer Gruppe, kooperiere und verteidige deren Mitglieder.

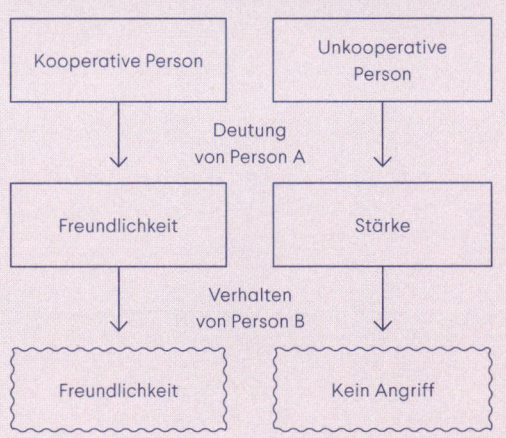

Wie du mir, so ich dir.

Freundliches Verhalten / Reaktion auf Gewalt

Kooperative Person	Unkooperative Person

Deutung von Person A

Freundlichkeit	Stärke

Verhalten von Person B

Freundlichkeit	Kein Angriff

TIT FOR TAT

Die kulturelle Regel »Wie du mir, so ich dir« (engl. »Tit for Tat«) wird oft unbewusst angewendet.

Der Austausch mit einer anderen Person beginnt mit Freundlichkeit. Danach ahmt man immer das zuletzt gezeigte Verhalten des Gegenübers nach. Es wird aber nur das letzte Verhalten erinnert, frühere Fehler werden vergessen und vergeben.

Verhält die Person sich unkooperativ, setzt man sich zur Wehr. Tut man das nicht, wird das ausschließlich freundliche Verhalten auch als Schwäche angesehen – die Person greift an.

GEHIRN 2.0

Irrglaube

Cyborgs sind bis jetzt nur Fiktion.

Wahrheit

**Unsere Sinne können
durch Maschinen ersetzt werden.**

Menschliche Cyborgs

GEHIRN 2.0

MENSCH – MASCHINE

Der Brite Neil Harbisson ist ein *menschlicher Cyborg*, eine
Zombiesysteme → 65
Mischung aus ==Mensch und Maschine==, denn er kann Farben
hören. Er leidet an Achromatopsie, das heißt, er ist vollstän-
dig farbenblind, sieht die Welt ausschließlich in Graustufen.
Was ihn zum Cyborg macht, ist ein elektronisches Auge: Ein
Farbsensor wandelt die Farben in Frequenztöne um. Die
Software ist mit seinem Gehirn verschmolzen und so Teil
seines Körpers – wie ein Cyborg, ein menschlicher.

Neil Harbisson beschreibt den Gang durch den Supermarkt
wie einen Clubbesuch, insbesondere Putzmittel würden in
höchst interessante Töne umgesetzt. Seine Kleidung wählt
er inzwischen weniger danach aus, ob sie gut aussieht, sondern vielmehr danach, ob sie sich gut anhört. Mithilfe des
»Eyeborgs« hört Neil Harbisson sogar mehr Farben als ein
Mensch mit normaler Sehfunktion sehen kann: Sein Farben-
spektrum umfasst auch Ultraviolett und Infrarot, sodass er
die Wellen von Fernbedienungen und Bewegungsmeldern
hört und auch Prognosen für sicheres Sonnenbaden geben
kann. Er ist der erste Mensch, der von einer Regierung als
Cyborg anerkannt wurde: Er besitzt einen Pass, auf dessen
Foto auch der »Eyeborg« zu sehen ist, obwohl das Gesetz
elektronische Geräte auf Passfotos verbietet.

EYEBORG

Der implantierte Farbsensor ist in Neil Harbissons Hinterkopf fest verankert und damit fester Bestandteil seines Körpers.

ICH HÖRE FARBEN.

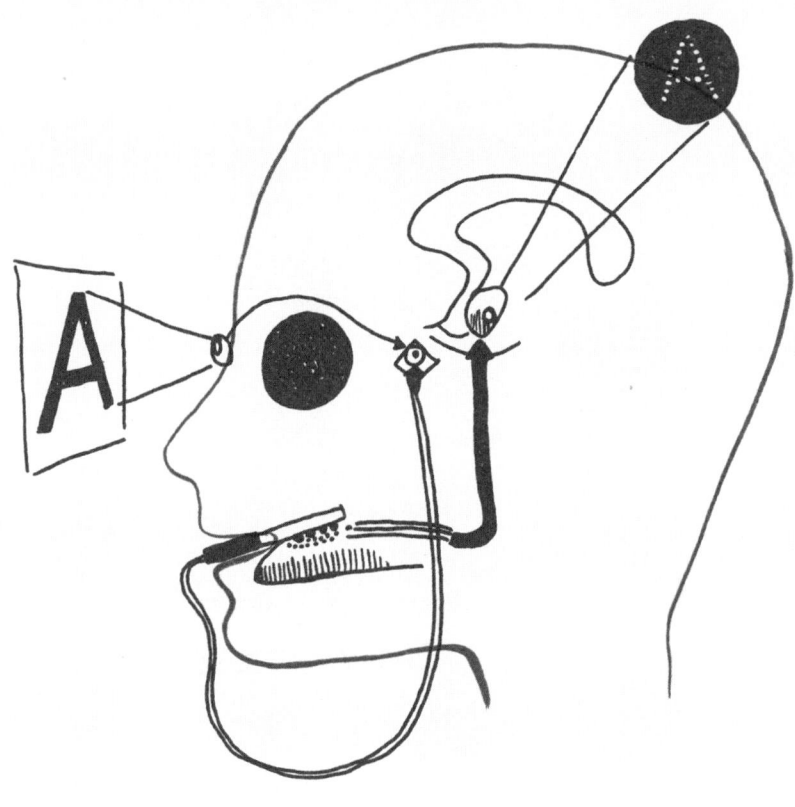

THE EYE SEES ONLY
WHAT THE MIND IS PREPARED
TO COMPREHEND.

Henri Bergson – Philosoph

SEHEN MIT DEM GEHIRN

Ein Sinn kann durch einen anderen ersetzt werden. Mit einiger Übung verwandelt sich die Wahrnehmung des Inputs in eine direkte Wahrnehmung. Zum Beispiel verhilft ein auf der Zunge angebrachter Brainport Blinden dazu, wieder sehen zu können. Wir nehmen die Welt zunächst unhinterfragt so wahr, wie sie sich uns darstellt. Wer blind ist, hat ja keinerlei Vorstellung von Farben, wer gehörlos ist, hat keine von Klängen. Betroffene merken zunächst gar nicht, dass irgendetwas fehlt. ==Denn jeder hat seine eigene Wahrnehmung==. Wer garantiert dir überhaupt, dass das, was ich als Türkis sehe, von der Frau, die neben mir in der U-Bahn sitzt, auch als Türkis gesehen wird. Sicher ist nur, dass wir eine Abmachung getroffen haben, was wir als Türkis bezeichnen.

Bewusstseins-
erweiterung
→ 77

BRAINPORT

Die allerersten Brainports entstanden während der Sechzigerjahre, als Wissenschaftler eine Art Tastdisplay erfanden, mit dessen Hilfe Blinden wieder zum Sehen verholfen werden sollte. Eine auf der Stirn des blinden Menschen angebrachte Videokamera übertrug Bilddaten auf Vibratoren, die an seinem Rücken befestigt wurden. Nach etwa einer Woche Übung konnten sie die Signale deuten und Hindernissen ausweichen. Nicht über das Sehen, sondern über das Fühlen bringt unser Geist Licht in das in Dunkelheit eingeschlossene Gehirn. Heutzutage ist ein Blinder, der US-Amerikaner Eric Weihenmayer, mithilfe eines Brainports bereits in der Lage gewesen, den Mount Everest zu besteigen. Ein Blättchen auf der Zunge überträgt mittels 600 Elektroden durch elektrische Impulse ein Videobild an sein Gehirn. Mit etwas Übung lernte er, die Reize zu interpretieren. Vergleichbar ist dies damit, wie die Europäer sich die Deutung der arabischen Schrift erschlossen.

Irrglaube

Ein Baby ist wie Hardware
ohne Software.

Wahrheît

Babys sind genial, denn
ihre Software ist schon mitgeliefert.

Genialität der Babys

KLEINE GEHIRNE

Die Hardware des Gehirns arbeitet mit Programmen, sprich Schaltkreisen, die jeder Mensch (unbewusst) selbst schreibt. Je nachdem, welche Aufgabe bewältigt, welches Problem gelöst wurde, werden diese Schaltkreise mithilfe von so etwas wie einem adaptiven Werkzeugkasten angepasst. Die Entwicklung von Babys und ihr Verhalten zeigen uns, dass bereits bei der Geburt die Hardware Gehirn mit Software bespielt ist. So brabbeln Babys überall auf der Welt gleich (unabhängig davon, ob sie gesund oder gehörlos sind) und Neugeborene erkennen schon wenige Minuten nach ihrer Geburt gesichtsähnliche Muster und drehen sich in ihre Richtung. Offenbar also entwickeln sie schon sehr früh Annahmen, wie die Welt funktioniert. Unterbewusst fertigen Babys Statistiken von neuen Erfahrungen an, besonders bei dem Erlernen der Muttersprache und ihren speziellen lautlichen Eigenarten.

SPRACH-GENIES

Das Lernfenster für eine Sprache ist während der ersten Lebensjahre geöffnet. Bis zum siebten Jahr verfügen Kinder über sprachliches Genie. Die Fähigkeit wird schwächer bis zur Pubertät und danach stark reduziert. Babys können bis zum Alter von etwa einem Jahr die einzelnen Laute aller Sprachen auseinanderhalten. Später verliert sich das, und wir verstehen Laute nur kulturgebunden, deswegen ist es etwa für Europäer schwer, chinesische Laute zu deuten, während viele Asiaten kaum zwischen l und r unterscheiden können. Sprachen können indessen nur über reale Personen erlernt werden. Video- oder Tonaufnahmen sprechen Babys buchstäblich nicht an.

Adaptives Werkzeug

Die Hardware Gehirn ist von Geburt an mit Software bespielt. Unsere Erfahrungen schreiben diese Software weiter. Neue Probleme erfordern geeignete Werkzeuge. Der »Werkzeugkasten« wird über die Erfahrung neu bestückt, oder es werden neue Werkzeuge hergestellt, um bestimmte Probleme zu lösen.

Genialität

LACHENDER SMILEY

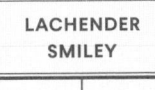

↓

| Baby lacht |

TRAURIGER SMILEY

↓

| Baby weint |

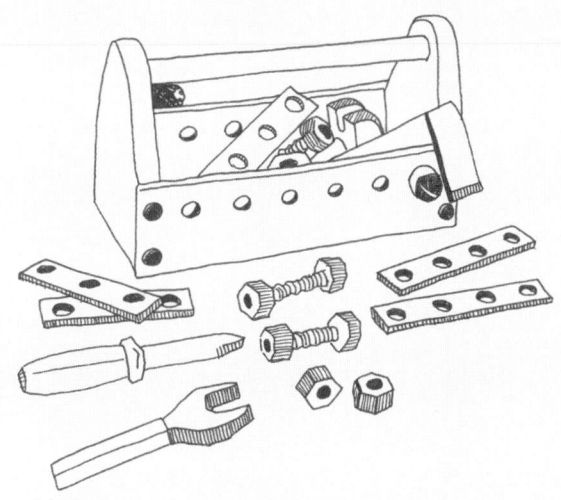

Das Bewusstsein als blinder Passagier	Wir sind unbewusst intelligent
Priming	Subjektive Validierung
Spotlight-Effekt	Erwartung
Katharsis	Augenblick
Third-Person-Effekt	Self-Handicapping
Selling Out	Selbsterfüllende Prophezeiung
Dunning-Kruger-Effekt	Strohmann-Argument
Übernormale Auslöser	Konfabulation
Indoktrination	Kunst der Deduktion
Gerechte-Welt-Glaube	
Normalitätsbias	
Zombiesysteme	
Neurologische Phänomene	
Bewusstseins-erweiterung	

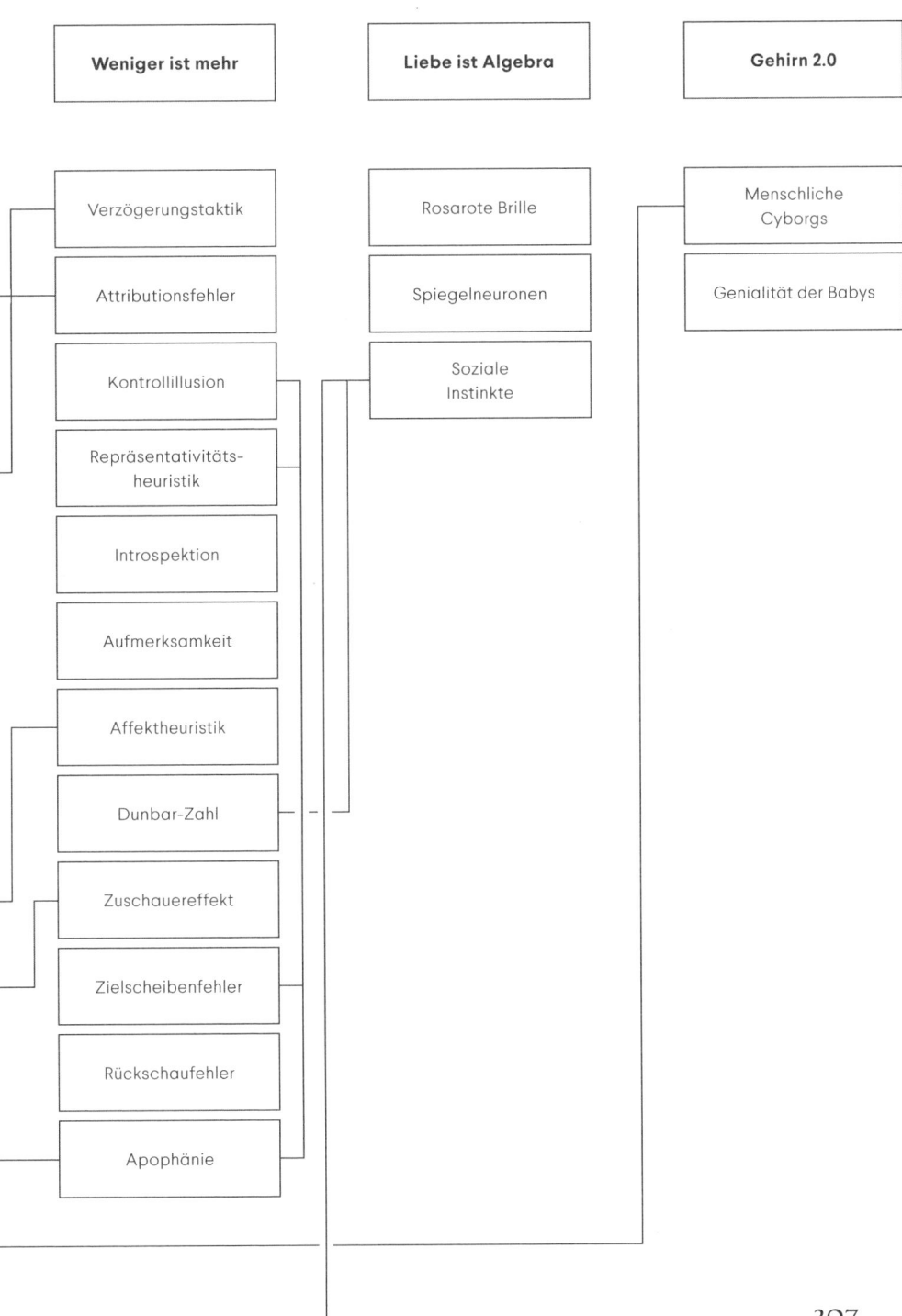

Weniger ist mehr

Liebe ist Algebra

Gehirn 2.0

Verzögerungstaktik

Attributionsfehler

Kontrollillusion

Repräsentativitäts-
heuristik

Introspektion

Aufmerksamkeit

Affektheuristik

Dunbar-Zahl

Zuschauereffekt

Zielscheibenfehler

Rückschaufehler

Apophänie

Rosarote Brille

Spiegelneuronen

Soziale
Instinkte

Menschliche
Cyborgs

Genialität der Babys

QUELLENVERZEICHNIS

PRINT

Dorsch: *Lexikon der Psychologie*,
17. Auflage, herausgegeben von
Antonius Wirtz, Hans Huber,
Bern 2014

Eagleman, David: *Incognito. Die geheimen
Eigenleben unseres Gehirns*, Campus,
Frankfurt a. M. 2012

Gigerenzer, Gerd: *Bauchentscheidungen.
Die Intelligenz des Unbewussten und die Macht
der Intuition*, Goldmann, München 2008

Grimm, Fred: »Das Indivuum erodiert«,
Dummy Gesellschaftsmagazin, Ausgabe 16,
Thema »Ich«, Herbst 2007, S. 20 ff.

Hesse, Christian: *Warum Mathematik
glücklich macht: 151 verblüffende Geschichten*,
C. H. Beck, München 2012

McRaney, David: *Ich denke, also irre ich.
Wie unser Gehirn uns jeden Tag täuscht*,
mvg, München 2012

SONGTEXT

THERE'S SOMEONE IN MY HEAD
BUT IT'S NOT ME

Textzeile aus dem Song *Brain Damage*
von Pink Floyd

FILME & VIDEOS

SHERLOCK
Die Hunde von Baskerville, BBC, 2012,
Staffel 2, Folge 2

CARDINI, PAOLO
Forget Multitasking, TED Talks, 2012,
*ted.com/talks/paolo_cardini_forget_
multitasking_try_monotasking.html*

FISHER, HELEN
The brain in love, TED Talks, 2008,
*www.ted.com/talks/helen_fisher_studies_
the_brain_in_love.html*

GREENFIELD, SUSAN
»Facebook-Home could change
our brains«,
*telegraph.co.uk/technology/
facebook/9975118/Facebook-Home-could-
change-ourbrains.html*

GREENFIELD, SUSAN
*abc.net.au/news/2014-11-20/
neuroscientist-warns-young-brains-being-
reshaped-by-technology/5906140*

HARBISSON, NEIL
»Ich höre Farben«, TED Talks, 2012,
*ted.com/talks/neil_harbisson_i_listen_
to_color.html*

KUHL, PATRICIA
Die sprachliche Genialität von Babys,
TED Talks, 2010,
*ted.com/talks/patricia_kuhl_the_
linguistic_genius_of_babies.html*

→

ONLINE

ABRAHAM LINCOLN
de.wikipedia.org/wiki/Abraham_Lincoln

AUSTRALISCHER FEUERPRACHTKÄFER
de.wikipedia.org/wiki/
Australischer_FeuerPrachtkäfer

AYAHUASCA
de.wikipedia.org/wiki/Ayahuasca

BARNUM-EFFEKT, FORER-EFFEKT
de.wikipedia.org/wiki/Barnum-Effekt

CHARLES MANSON
de.wikipedia.org/wiki/Charles_Manson

CHE GUEVARA
de.wikipedia.org/wiki/Che_Guevara

DÉJÀ-VU
de.wikipedia.org/wiki/Déjà-vu

EINHORN
de.wikipedia.org/wiki/Einhorn

FIGHT CLUB
de.wikipedia.org/wiki/Fight_Club_(Film)

GODFREY HAROLD HARDY
de.wikipedia.org/wiki/
Godfrey_Harold_Hardy

HERCULE POIROT
de.wikipedia.org/wiki/Hercule_Poirot

HOLY TOAST
news.bbc.co.uk/2/hi/4034787.stm

HUGH HEFNER
de.wikipedia.org/wiki/Hugh_Hefner

INSPEKTOR BARNABY
de.wikipedia.org/wiki/Inspector_Barnaby

JEANNE D'ARC
de.wikipedia.org/wiki/Jeanne_d'Arc

JIM JONES
de.wikipedia.org/wiki/Jim_Jones

JOHN EDENSOR LITTLEWOOD
de.wikipedia.org/wiki/
John_Edensor_Littlewood

JOHN F. KENNEDY
de.wikipedia.org/wiki/John_F._Kennedy

KOPROLALIE
de.wikipedia.org/wiki/Koprolalie

KURT COBAIN
de.wikipedia.org/wiki/Kurt_Cobain

LSD
de.wikipedia.org/wiki/LSD

MAHATMA GANDHI
en.wikipedia.org/wiki/Mahatma_Gandhi

MEXIKANISCHER KAHLKOPF
de.wikipedia.org/wiki/
Mexikanischer_Kahlkopf

MICHAEL MOORE
en.wikipedia.org/wiki/Michael_Moore

MISS MARPLE
de.wikipedia.org/wiki/Miss_Marple

MUTTERKORN
de.wikipedia.org/wiki/Mutterkorn

MYOTONIC GOAT
de.wikipedia.org/wiki/Myotonic_Goat

PEYOTE-KAKTUS
de.wikipedia.org/wiki/
Lophophora_williamsii

PHINEAS GAGE
nzz.ch/das-bildnis-des-phineas-
gage-1.3522069

QUALIA
de.wikipedia.org/wiki/Qualia

SCHRECKSTARRE
de.wikipedia.org/wiki/Schreckstarre

SELBSTWERTDIENLICHE VERZERRUNG
de.wikipedia.org/wiki/
Selbstwertdienliche_Verzerrung

STEVE URKEL
en.wikipedia.org/wiki/Steve_Urkel

THANATOSE
spektrum.de/lexikon/biologie/
thanatose/66160

THOMAS NAGEL
de.wikipedia.org/wiki/
Thomas_Nagel_(Philosoph)

ÜBERNORMALER AUSLÖSER
spektrum.de/lexikon/neurowissenschaft/
uebernormaler-schluesselreiz/13361

UNBEWUSSTE, DAS
de.wikipedia.org/wiki/Das_Unbewusste

VOODOO-VEVES
de.wikipedia.org/wiki/Veve

VIELEN DANK

VIELEN DANK

Ein großes Dankeschön geht an meine Familie und
Freunde; für das Dasein, Freund sein, Zuhören,
Ablenken, Inspiration, Impulse, das Begleiten auf
meiner Reise: die Eisenbrauns – Mama und Papa,
Benne, Opa, Tina; Nora Stögerer, Simone Tölle,
Katarina Lüth, Kristin Schlodder, Max Rummel,
Julia Nierbeck, Jessica Meier, Yella Schaube, Dörte
Matzke, Anne Hansen, Benedikt Bockshecker,
Hannah Hiecke, Anna Jansen, Lena Konopka,
Carolin Stiller, Ilka Helmig und formdusche.

VERLAG

Ich bedanke mich bei der Münchner Verlagsgruppe,
besonders Oliver Kuhn, Daniela Riepe, Vanessa
Hofferbert und Antje Steinhäuser, für das Vertrauen,
die Koordination, das Möglichmachen und die
spannende und intensive Zeit.

Vielen Dank

217

ÜBER DIE AUTORIN

Svenja Eisenbraun hat in Aachen Kommunikationsdesign studiert mit einem Schwerpunkt auf Illustration und Buchgestaltung. Für ihre Abschlussarbeit, das *Lexikon des Unbewussten*, hat sie mehrere Designpreise gewonnen. Sie arbeitet als Gestalterin in Köln und Berlin. Ihr Herz hängt an schönem Papier, Typografie und natürlich an Büchern.

DUMMHEIT UND STOLZ
WACHSEN AUF EINEM HOLZ.

Oma, du fehlst!